TRENTE MOIS EN CHINE

*

LE P. APOLLINAIRE DUFRANÇOIS

DE MANCIET

LE P. APOLLINAIRE DE MANCIET
en décembre 1899
date de son ordination de prêtrise

TRENTE MOIS EN CHINE

LE P. APOLLINAIRE DUFRANÇOIS

DE MANCIET

DE L'ORDRE DES FRÈRES MINEURS

MISSIONNAIRE APOSTOLIQUE

Décédé à Tché-Fou (Chine), le 21 mai 1904

NOTES BIOGRAPHIQUES

Recueillies par le R. P. OTHON, de Pavie, O. F. M.

ANCIEN PROVINCIAL D'AQUITAINE

Deuxième édition

VANVES PRÈS PARIS
16, ROUTE DE CLAMART

VIC ET AMAT
PARIS, 11, RUE CASSETTE

1905

APPROBATION

DU T. R. PÈRE PROVINCIAL

La première édition de votre intéressante biographie sur notre P. Apollinaire, intitulée : « *Trente mois en Chine* » a produit une bien vive impression sur ceux qui l'ont lue.

Quel bien ne fera donc pas la seconde, plus complète sur bien des points !

La divine Providence fait revivre, dans votre livre, un modèle achevé de l'ouvrier apostolique.

Cette vie missionnaire a été bien courte : *trente mois* ; mais la vie publique de notre divin Maître avait été bien courte aussi.

Nous avons déjà la consolation de voir et d'entendre le P. Apollinaire Dufrançois parler *encore après sa mort* ; sa parole et son exemple susciteront de nouvelles vocations pour le salut des âmes.

Aussi, de tout cœur, cher ami, je vous bénis ainsi que votre nouvel ouvrage.

Bien vôtre en N. S.

Fr. RAPHAËL DELARBRE, O. F. M.

Min. Prov.

En exil, à Como, le 27 février 1905, fête du B. Jean de Triora, martyrisé en Chine, et béatifié par Léon XIII.

PREFACE

Le 15 novembre 1901, un jeune Franciscain de la Province d'Aquitaine arrivait en Chine (1).

Il voulait y passer un demi-siècle et s'y dévouer à la conversion des infidèles : son rêve durait depuis quinze ans : il n'en a vu la réalisation que pendant trente mois.

Tel a été le rêve du P. Apollinaire Dufrançois, de l'Ordre des Frères Mineurs, missionnaire apostolique, décédé à Tché-Fou, le 21 mai 1904.

C'est la peinture de ce rêve que nous nous permettons d'offrir, non seulement aux aspirants à l'apostolat parmi les infidèles, mais encore aux âmes sacerdotales et à tous ceux que les circonstances obligent à marcher dans la voie du sacrifice.

Du reste, rien d'austère ou d'excessif dans le jeune missionnaire. Toujours en lutte contre les défaillances d'une frêle santé, mais toujours joyeux, toujours fervent et toujours intrépide au travail, il suivait simplement sa voie. Il s'est dépeint lui-même en écrivant ces lignes dans son journal, quelques jours après son arrivée en Chine : Mon âme,

(1) Les Frères Mineurs furent les premiers missionnaires qui, au moyen âge, entrèrent dans la Chine où ils ont encore neuf Vicariats apostoliques. Voir à la fin l'Appendice.

va à Jésus-Christ, source de vraie joie et la joie sera ton partage.

La nature et la grâce semblaient s'harmoniser doucement dans son âme, dominée par la pensée d'accomplir constamment la volonté de Dieu. Toutefois, cette pensée laissait à son cœur les plus grandes sensibilités de la tendresse filiale, le culte enthousiaste du pays natal avec un attachement profond pour ses amis. Si, à ces sentiments, nous ajoutons une ardente aspiration aux apostoliques labeurs parmi les nations encore assises aux ténèbres de l'erreur, nous comprendrons le martyre que dut endurer ce cœur de fils, lorsqu'il dit adieu à sa famille et à son pays. Ses lettres nous le raconteront : elles nous feront également entrevoir le martyre bien plus grand encore qu'il eut à consommer, lorsqu'il comprit que son rêve de quinze ans allait finir !...

Le 21 mai 1904, âgé de trente ans, priant comme un ange du bon Dieu, le sourire aux lèvres, le regard au ciel, le P. Apollinaire s'en allait dans l'éternelle fête du paradis...

Il y avait trente mois et six jours qu'il était arrivé en Chine.

La Révérende Mère Provinciale des Franciscaines Missionnaires de Marie l'avait vu à l'œuvre, à Tché-Fou ; elle nous disait, au mois de mars : « Il peut mourir : en deux ans, le P. Apollinaire a fait autant que beaucoup d'autres pendant de longues années. » Ces paroles correspondent à celles de nos Saints

Livres : Consummatus in brevi explevit tempora multa. (*Sap.* IV, 13.)

Dieu a permis, pensons-nous, que le P. Apollinaire écrivit de nombreuses lettres pour continuer son apostolat ; c'est aussi la pensée de ceux qui l'ont bien connu et qui nous ont demandé de publier cette correspondance. Certains ont eu l'amabilité d'insister en nous rappelant qu'ayant été placé à la première heure sur la voie de cette âme d'élite, nous avions l'obligation d'en parler pour la gloire de Dieu et pour le bien de beaucoup d'autres.

Nous nous sommes rendu sans peine à ce religieux désir que nous considérons comme une précieuse recommandation. Au surplus, nous avons la douce confiance que l'on oubliera les innombrables imperfections de notre travail, en écoutant le pieux, l'aimable et l'intéressant langage de celui qui en est le héros.

En la fête de la Présentation de la Bienheureuse Vierge Marie, 21 novembre 1904.

A cette préface de la première édition, nous n'ajouterons que quelques mots. — La seconde édition est plus complète. Après la publication de la première, on nous a communiqué d'autres lettres du P. Apollinaire ; il eût été bien regrettable que certaines restassent inédites : on le verra, elles achè-

vent la physionomie déjà si intéressante de notre jeune Missionnaire. Nous nous faisons un devoir de remercier ici tous ceux qui nous ont fourni des documents pour la dessiner.

Nous offrons également l'hommage de notre gratitude à ceux dont la lecture de ce petit livre nous a valu le témoignage d'une indulgente satisfaction.

Avril 1905.

Nous nous déclarons humblement soumis d'esprit et de cœur au Décret d'Urbain VIII.

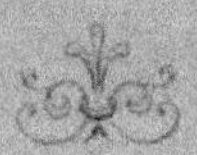

TRENTE MOIS EN CHINE

Le P. Apollinaire Dufrançois

DE MANCIET

I. — LE COLLÉGIEN

Pays natal. — Petit-Séminaire d'Éauze. — Parfait écolier.

Au mois d'avril de l'année 1890, le P. Othon et
le P. Colomban, missionnaires franciscains, pré-
chaient une mission à Manciet, au diocèse d'Auch :
c'était le temps des vacances de Pâques. Un soir,
le P. Othon, entrant dans la sacristie, y trouva un
adolescent dont l'attitude réservée et le regard
modeste attirèrent son attention ; il s'approcha de
lui et l'ayant salué :

« Votre uniforme me dit que vous êtes collégien

d'Éauze et en vacances, n'est-il pas vrai? lui dit-il.

— Oui, mon Père.

— Comment vous appelez-vous?

— Jean-Marie Dufrançois.

— Dufrançois! répliqua vivement le missionnaire, mais c'est un nom prédestiné! il faut que vous deveniez fils de François d'Assise; il faut que vous soyez Franciscain. »

L'adolescent sourit et baissa les yeux; une légère teinte colora subitement ses joues, sembla monter à son front et disparaître dans ses blonds cheveux. Indiscrètement peut-être, le Missionnaire allait encore insister, lorsque le sacristain vint brusquement lui dire:

« Mon Père, on vous attend pour exercer les cantiques de la mission. »

Sept ans plus tard, le P. Othon était Provincial des Franciscains de la Province d'Aquitaine; le 21 septembre 1897, Jean-Marie Dufrançois, devenu le *Frère Apollinaire*, faisait entre ses mains sa profession dans l'Ordre des Frères Mineurs.

Né à Manciet, en Armagnac, le 24 février 1874, Jean-Marie eut le bonheur de grandir sous les regards d'un père et d'une mère qui lui donnèrent toujours les exemples d'une conduite sérieusement chrétienne; c'est à leur école qu'il apprit de bonne heure la pratique de la vertu et l'amour du travail. Leur vie exemplaire inspira à son âme naturellement délicate et élevée une tendresse filialement admirative: il eut vraiment le culte de son père et

Manciet, en Armagnac.

de sa mère, tel que Dieu le permet. Celui de Jean-Marie était bien dans le plan divin, puisqu'il devait être pour lui l'occasion des plus douloureux sacrifices et, par conséquent, l'occasion des plus grands témoignages d'amour que la divine Providence devait réclamer à son cœur.

Manciet avait pour curé M. l'abbé Montaut, lorsque Jean-Marie fit sa première Communion. Cœur d'or, toujours bienveillant, fidèle à ses devoirs de pasteur, M. Montaut était vénéré de ses paroissiens. Il entrevit dans le jeune Dufrançois les qualités et les aspirations d'un futur élève du sanctuaire. Sa paroisse comptait déjà une lignée d'excellents prêtres ; Jean-Marie lui sembla devoir la continuer. Il le présenta donc et le fit admettre au Petit-Séminaire d'Éauze pour commencer sa septième.

Tempérament ardent, quelque peu batailleur, Jean-Marie, en débutant dans la vie de collège, dut nécessairement compter avec l'assujettissement à l'étude régulière et surtout avec les difficultés du support mutuel. Un jour, son professeur se montra mécontent de son devoir et lui reprocha son défaut d'application. Jean-Marie fut profondément affecté de ce reproche : c'était jour de promenade. Pendant que ses camarades jouaient, il trouva le moyen de cacher deux petites gaules sous son veston d'uniforme. Rentré au collège, il monta directement à la chambre de son professeur :

« Monsieur, lui dit-il, je suis bien fâché de vous avoir fait de la peine ce matin ; mais voici le moyen dont on se sert chez moi pour me faire marcher. »

En même temps, il lui présentait les deux petites gaules, cachées sous son veston.

M. l'abbé Baradat raconte aujourd'hui ce fait avec une émotion qui n'est pas plus grande que celle qu'il éprouva le jour même où il se passa ; en effet, dans cet enfant de douze ans, il faisait entrevoir un vaillant, un héros, peut-être un martyr.

Du reste, nous sommes autorisé à trouver dans le propos tenu par Jean-Marie, les exagérations d'une humilité précoce. Nous l'avons dit, il avait pour ses parents un vrai culte : c'était donc la tendresse filiale plutôt que la crainte qui le *faisait marcher ;* et lorsque ses parents durent recourir à l'argument frappant que saint Augustin considère comme un témoignage de paternelle tendresse, ce fut pour corriger certaines escapades qui ne tiraient pas à conséquence. Lui-même nous en a raconté une qui ne peut que faire son éloge.

Un mauvais garnement, de treize ou quatorze ans, rudoyait un jour, sur la place de Manciet, un petit camarade de Jean-Marie ; celui-ci prit naturellement sa défense, bien qu'âgé de trois ou quatre ans de moins ; mais alors ce fut lui-même qui eut à subir les brutalités qu'il voulait éviter à son camarade. Jean-Marie se défendait vaillamment, et son lâche agresseur commençait à comprendre que la victoire lui serait chèrement disputée, lorsqu'il sentit que Jean-Marie lâchait prise : son père était intervenu, et ladite baguette exerçait sur ses jam-

bes l'œuvre d'une répression imméritée ; le père,
en homme bien élevé, ne voulait pas de ces batail-
les ; de plus, il ignorait la chevaleresque origine de
celle-ci.

Au collège, Jean-Marie ne tarda pas à se placer
parmi les meilleurs élèves ; une fois acclimaté à ce
nouveau milieu, il se mit résolument à l'œuvre pour
faire marcher de front et l'acquisition de la vertu
et l'acquisition de la science. Son cœur demeura
toujours pur : il avouait plus tard, dans l'intimité,
que Dieu lui avait accordé la grâce d'éprouver une
horreur profonde pour tout ce qui pouvait porter
atteinte à la vertu angélique. Mais son tempérament
ardent lui suscita bien d'autres difficultés : c'était
là son défaut dominant ; il ne s'en cachait pas.

Pour qui connaît la vie de collège, il est facile de
comprendre que ce défaut fut pour lui l'occasion
d'une lutte continuelle ; cette lutte, il l'accepta vaillamment et finalement, il en sortit victorieux. Ceux
qui l'ont connu au Séminaire ou dans la vie religieuse, n'ont jamais soupçonné ces années de combat ; Jean-Marie était au milieu d'eux un exemple
de mansuétude et de bonté.

Jean-Marie voulut être bon camarade ; il le fut et
orienta du meilleur côté l'ardeur de son tempérament ; il aima la prière. Par un travail opiniâtre, il
devint l'un des meilleurs élèves de sa classe ; enfin,
dans les jeux, nul n'avait plus d'entrain que lui.
Ainsi réalisait-il l'idéal du parfait écolier qui, demeu-
rant toujours vertueux, s'applique à bien faire cha-

que chose en son temps : la prière, l'étude et les jeux.

« Toujours bon, pieux, édifiant, nous écrit le vénérable chanoine qui fut son premier Supérieur (1), ses condisciples, même ceux qui ne lui ressemblaient pas, l'aimaient et l'estimaient. Son caractère était souple et facile ; il y avait en lui un ensemble de bonté et de simplicité, des rapports aimables qui cachaient un sens droit, une volonté ferme, inébranlable dans le devoir. Il montra admirablement la force de cette volonté, quand il s'imposa tant de sacrifices pour répondre à sa vocation religieuse. »

La lettre suivante nous dira l'attitude nettement exemplaire que Jean-Marie conserva au collège : c'est un hommage d'autant plus précieux rendu à sa mémoire, que le prêtre éminent qui nous l'a écrite a été, au collège d'Éauze, et son professeur, et son directeur, et son supérieur.

« Mon cher Révérend Père,

« Vous savez combien j'aimais et vénérais le cher P. Appollinaire. Mon affection vous dit toute ma douleur et tous mes regrets. Il avait toutes les qualités qui font les saints et les apôtres...

« J'ai été son professeur et son directeur spirituel. C'est une des plus belles âmes qu'il m'a été donné

____

(1) M. l'abbé L. Gilibert, chanoine honoraire d'Auch. (Lettre du 29 juillet 1904.)

de contempler. J'avais l'habitude de prendre parmi
les élèves des enfants d'élite pour en faire des apôtres parmi leurs camarades. Pour lancer une œuvre
et la soutenir, il fut l'un des trois que j'appelais
Pierre, Jacques et Jean. Jean-Marie Dufrançois était
Pierre : il en avait la foi ardente, un peu trop ardente parfois ! il en avait l'amour généreux. Il suffisait de lui indiquer le bien pour le lui faire accepter ;
il se montra toujours prêt à défendre la bonne
cause par l'exemple, par la parole et même par des
arguments plus décisifs... Un jour, à l'occasion
d'une œuvre que j'avais créée pour donner plus de
vie aux amusements, il y eut de la part de certains
élèves, qui n'y trouvaient pas leur compte, mauvais
esprit et une opposition assez vive. La cour se par-
tagea en deux camps ; il fut question d'une bataille
en règle. Le chef des mécontents, plus audacieux
en paroles qu'en actes, demanda :

« Qui va-t-on me donner pour adversaire ?

« — Dufrançois, » lui fut-il répondu.

« Il en eut assez : la bataille n'eut pas lieu.

« Pour la fondation de la Congrégation de la
sainte Vierge, il fut un de mes plus ardents auxiliai-
res. Ayant été nommé préfet de cette Congrégation, il prit ses fonctions au sérieux et se préoccupa
de faire aimer la sainte Vierge comme il faisait
aimer le bon Dieu.

« J'ai retrouvé seulement trois lettres écrites pour
ce que j'appelais *La Fête des fleurs*. A la fin du
mois de mai, chaque congréganiste écrivait une

lettre dans laquelle il indiquait ses sacrifices et ses bonnes œuvres. Ce qui me frappe dans celles que je vous envoie, c'est que *déjà il pensait aux missionnaires : c'est pour eux qu'il offre des jeûnes.*

« Doué d'une bonne intelligence ordinaire, il occupa, grâce à un travail opiniâtre, un rang excellent dans sa classe. Il me semble le voir encore dans ma chère classe de rhétorique que j'avais fait peindre en bleu ; les élèves étaient divisés en deux camps : rose blanche et rose rouge. J'avais même fondé une revue, *La Revue des Deux-Roses*. Jean-Marie Dufrançois fut l'un de nos meilleurs rédacteurs (1). »

M. le chanoine Lisle a eu l'obligeance de nous envoyer le texte original de deux de ces articles. — L'un est une réfutation des doctrines antisociales de ceux qui combattent l'idée de patrie. — L'autre est un appel à une résistance désespérée contre l'invasion de l'étranger. — Louis XIV envahit la Hollande : l'orateur rappelle l'exemple de Thémistocle excitant le patriotisme des Athéniens contre la flotte innombrable de Xercès qui, bientôt après, essuyait à Salamine, la plus humiliante des défaites : « Chers amis, un Xercès bien plus terrible « que celui qui menaçait Athènes a envahi notre « chère patrie... il a passé le Rhin... 40 villes lui « ont ouvert leurs portes... Nous lui avons demandé

(1) Lettre de M. le chanoine Lisle, supérieur du Petit-Séminaire d'Èauze (28 juillet 1904).

« la paix... mais ce monarque orgueilleux, non con-
« tent de vouloir notre ruine, prétend encore nous
« déshonorer. *(Il énumère ici les conditions humi-*
« *liantes posées par Louis XIV.)* — Hollandais, nous
« souffrirons et, s'il le faut, nous mourrons, mais
« nous déshonorer ? jamais ! — Nous n'avons que
« 25 000 hommes peu aguerris à opposer à 125 000
« Français qui sont des soldats accomplis... Mon-
« trons à l'Europe qui nous contemple, ce que peut
« un petit État, quand on le réduit au désespoir,
« quand on veut lui enlever son indépendance...
« Hollandais, rompons nos digues, fuyons sur nos
« vaisseaux : que la mer soit notre dernier recours
« et notre dernier rempart. »

Un vrai souffle de patriotisme, on le voit, anime
ces lignes ; le sujet allait à merveille à ce jeune
tempérament tout vibrant d'émotion et d'enthousiasme au souvenir du pays natal.

D'autre part, la dissertation dénote déjà un esprit
réfléchi dont une application assidue devait nécessairement développer les belles facultés ; c'est ce
qui arriva. Quand il fut appelé aux Ordres sacrés,
Fr. Apollinaire comptait parmi les étudiants les plus
intelligents de son cours : ses examens d'ordination
et d'approbation furent des meilleurs : telle a été
l'appréciation donnée par le Lecteur lui-même
de théologie, le R. P. Charles, de Bordeaux, qui
depuis plus de quinze ans, par son enseignement
clair, méthodique et élevé mérita toujours la plus
complète admiration de ses élèves.

Nous avons également sous les yeux les trois lettres écrites par Jean-Marie, à l'occasion de la *Fête des fleurs*, lorsqu'il faisait sa troisième, sa seconde et sa rhétorique. Ces lignes révèlent une piété sérieuse, une tendresse toute filiale pour la sainte Vierge, unie à l'esprit de pénitence. Les regards de son âme se portaient déjà vers les régions lointaines où les missionnaires se dévouent pour la conversion des infidèles. Jean-Marie ne se contentait pas de leur envoyer son obole par l'Œuvre de la Propagation de la Foi, il leur donnait encore le secours de ses ferventes prières et de ses mortifications.

Nous résumons ces trois précieux documents :

S. T. E.   V. ✝ J.   S. e. F.

« Bouquet de Mai.

« Il va donc finir ce beau mois, et nous ne viendrons plus chaque soir unir nos cœurs et nos prières pour vous remercier de vos immenses faveurs...

« Il me serait bien doux, bonne Vierge, de vous offrir un magnifique bouquet, tout plein de belles fleurs : fleurs de prières, de pénitences, de sacrifices, de défauts corrigés. Que de fleurs j'aurais pu cueillir pendant ce mois, et je ne l'ai point fait ! Je voudrais avoir, comme mes chers compagnons d'armes, un beau bouquet composé de ces belles fleurs ; mais, hélas ! quand je contemple le mien, je le trouve bien petit ; cependant, je vous l'offre de tout mon cœur...

« Je vous offre :

« *11 communions pour consoler le Sacré-Cœur des profanations de la sainte Eucharistie.*

« *5 communions pour ceux qui ne s'approchent pas des Sacrements.*

« *84 études passées dans le silence : pour les blasphémateurs du saint Nom de Dieu ; pour ceux qui font le mal par leurs discours et par leurs écrits.*

« *4 jeûnes les 4 samedis pour les missionnaires qui ont souvent à souffrir de la faim et de toutes les privations.*

« *9 jeûnes pour les missionnaires qui n'ont pas toujours leur nourriture* (l'année suivante).

« *Je me suis imposé des mortifications à table pour mes péchés.*

« *J'ai triomphé en moyenne 2 fois par jour de mon défaut dominant, c'est-à-dire que je ne me suis pas fâché ou mis en colère.*

« *J'ai triomphé plus de 20 fois de mon défaut dominant* (l'année suivante).

« *J'ai été fidèle à dire mon Petit-Office du Sacré-Cœur.* (Les trois lettres mentionnent son exactitude à faire cet exercice de piété.)

Signé : « *Un enfant bien indigne du Sacré-Cœur*
« *et de vous, ma Souveraine.* »

Un autre document bien précieux aussi nous a été communiqué par son ancien professeur de troisième, M. l'abbé Éloi Salles, actuellement directeur au Grand-Séminaire d'Auch. — « Lorsque j'établis la confrérie de la *Garde d'honneur* dans ma classe, nous écrit ce digne prêtre, Jean-Marie fut le premier de mes élèves à répondre à mon appel : il n'y eut pas de plus ardent apôtre pour le Sacré-Cœur, ni de plus fidèle à l'heure de garde. — Le jour de la sortie, on jouait une comédie fort divertissante qui le faisait rire aux larmes. Soudain, il se pencha vers moi et me demanda comment il pouvait faire son heure dans de telles circonstances. Je lui répondis qu'avec l'esprit de foi et la pensée, il lui était facile de concilier les réjouissances du moment avec les sentiments de la piété. Il me remercia et je remarquai que sa joie fut moins exubérante ; puis, je le vis de temps en temps, jeter un regard rapide vers la chapelle. Ses condisciples étaient loin de se douter qu'en ce moment il portait son cœur par la pensée près du Cœur du divin Maître. »

En même temps que ces lignes, le vénéré directeur a eu la bonté de nous envoyer un autre document religieusement conservé par lui, depuis près de quinze ans. C'est l'*Acte de Consécration au Sacré-Cœur de Jésus*, composé et lu par Jean-Marie lui-même ; nous en détachons les passages les plus remarquables :

« Cœur adorable de Jésus… le monde, dans son « aveuglement et son ingratitude, méconnaît vos « bienfaits, oublie votre amour. Les blasphèmes se « multiplient ; les cris de haine, échos de l'enfer,

« sont poussés contre votre Sacré-Cœur qui a tant
« aimé les hommes... Vos *Gardes d'honneur* du
« Petit-Séminaire d'Éauze ne vous abandonneront
« pas, ils combattront pour vous, et, s'il le faut,
« ils mourront avec bonheur pour votre sainte
« cause... Nous vous consacrons notre cœur, notre
« intelligence et notre volonté... Nous vous deman-
« dons, Seigneur, un cœur épris de vous, un cœur
« fidèle et fier, un cœur indomptable, toujours prêt
« à lutter, un cœur libre, jamais séduit, jamais
« esclave... »

Cette dernière page dépeint au vif tout ce qu'il
y avait dans notre collégien de piété sérieuse, de
vertu solide et d'énergie.

Un jour, Mme Barat, la vénérable fondatrice des
Dames du Sacré-Cœur, résumait ainsi les vœux
qu'elle adressait à un pensionnat de jeunes filles à
l'occasion du nouvel an :

« Mesdemoiselles, je vous souhaite de *bonnes
prières, de bonnes études et de bonnes récréations.* »

En effet, l'élève qui fait de bonnes prières, s'applique à l'étude et joue en récréation avec entrain,
est l'élève parfait : les bonnes prières, les bonnes
études et les bonnes récréations apportent certainement à son âme, avec la pratique de la vertu, le
bonheur le plus désirable à son âge.

Jean-Marie fut cet élève parfait, et ses années de
collège comptèrent parmi les plus heureuses de sa

vie : ses lettres, nous le verrons, font de fréquentes allusions à ce bonheur.

A l'âge de quinze ans, il se révélait comme l'un de *ces violents qui emportent le ciel d'assaut*. Dès ce moment, il commence toutes ses lettres par le même en-tête, qui est, en quelque sorte, le monogramme de sa devise. V. ✝. J. T. S. E. S. e. F. — *Vive Jésus. Tuus sum ego. Suaviter et fortiter.* La seconde partie était une protestation de sa filiale dépendance de la sainte Vierge ; la troisième exprimait une manière d'agir analogue à celle de saint François de Sales. « *Je suis vôtre. — Suaviter et fortiter, doucement et fortement.* » Cet en-tête se trouve encore exactement sur la dernière lettre qu'il écrivait de Chine à ses parents, le 13 avril 1904, cinq semaines avant sa mort.

Le collège d'Éauze demeura pour lui, dans son souvenir, comme le berceau de sa vie religieuse et de sa vocation à l'apostolat parmi les infidèles. Rien ne pourra effacer de son cœur cette première impression, ni les belles années passées au Grand-Séminaire, ni celles de la vie franciscaine, ni même les saintes émotions du missionnaire, arrivant enfin au milieu *de ses bien désirés et bien-aimés Chinois*, que son âme d'apôtre ne saura jamais qu'aimer ou plaindre.

Chaque année, à l'occasion de la fête de saint Louis de Gonzague, il était exact à venir, par une de ses lettres, offrir ses souhaits à M. l'abbé Lisle, supérieur du Petit-Séminaire d'Éauze et son ancien directeur. Nous lisons dans celle du 19 juin 1901, datée du Collège séraphique de Bordeaux :

« Votre souvenir et celui de notre bien-aimé Petit-Séminaire d'Éauze me sont bien souvent présents à l'esprit, au cœur et au saint Autel. La Congrégation des Enfants de Marie que je dirige ici, me fait revivre quelques années des plus heureuses de ma vie. Je suis heureux de répéter à nos braves enfants que je dois beaucoup, beaucoup à notre chère Congrégation du Petit-Séminaire. Nous avons eu le *Bouquet de Mai* qui a dû bien réjouir le Cœur de Marie. Les Tertiaires et les Gardes d'honneur, que l'on m'a confiés aussi, font leur bouquet du Sacré-Cœur ; ils veulent « enfoncer » les congréganistes ! Nous aurons donc à la fin du mois une cérémonie analogue à celle de la Congrégation d'Éauze. (Je pense qu'on n'a pas laissé tomber cet usage si précieux et si consolant.) »

Dans cette lettre, le P. Apollinaire annonce confidentiellement à M. le Supérieur son prochain départ pour la Chine, et, par conséquent, son prochain passage en Armagnac pour des adieux dont les déchirements font déjà sentir à son cœur aimant leurs premières atteintes. Il termine ainsi :

« La pensée me vient de faire coïncider mon passage avec la Réunion des anciens élèves d'Éauze. Comme je serais heureux de pouvoir saluer réunis tant de chers amis! Si vous vous en souvenez, pour-

Petit-Séminaire d'Éauze (cour et aile orientale). — Priorale bénédictine, aujourd'hui église paroissiale.

riez-vous, je vous prie, me faire connaître la date
dès qu'elle sera fixée ? — Affection respectueuse à
MM. les Professeurs.

« Votre enfant en J. M. J. F.

« Fr. Apollinaire, O. F. M. »

L'année suivante, l'ancien collégien d'Éauze est
fidèle au rendez-vous auprès de son vénéré Supérieurs. Ses souhaits sont écrits à Tché-Fou, Chang-
Tong oriental, le 23 avril 1902.

« Bien cher Monsieur le Supérieur,

« Voici un pauvre Chinois qui vous arrive du fond
du monde : Chinois de patrie (nouvelle), Chinois
de nom et, de plus en plus, Chinois de cœur. »

Le P. Appollinaire donne ensuite de longs et
intéressants détails sur la traversée qu'il a effectuée
de Marseille à Tché Fou, et sur divers usages de
l'empire chinois. Il termine ainsi :

« Ce billet vous arrivera sans doute vers la fin
de mai ou au commencement de juin : or, je ne
puis pas oublier que le 21 est votre fête. Bonne et
sainte fête ! Je porterai mes vœux au saint Autel,
où je vous retrouve d'ailleurs tous les matins, ainsi
que notre cher Petit-Séminaire que je suis si fier,
si heureux surtout de représenter en Extrême-
Orient et dans les Missions en général, si je ne me
trompe...

« Vous aurez certainement la Réunion des anciens élèves, comme toujours. Si je savais à temps la date précise, je serais avec vous d'esprit et de cœur en ce jour. Dans tous les cas, je vous prie de dire à nos chers maîtres, camarades et amis, combien je demeure fidèle au souvenir du cœur.

« Le Petit-Séminaire d'Éauze restera toujours pour moi le premier et béni monastère où j'ai commencé à connaître et à aimer Dieu; c'est aussi dans ce Petit-Séminaire que ma vocation apostolique a pris naissance !

« Bénissez-moi, je vous prie, bien cher Monsieur le Supérieur, et croyez-moi toujours

« Votre enfant affectueux et reconnaissant en Notre-Seigneur.

« Fr. Apollinaire, O. F. M. »

Dans la lettre de 1903 qui apportait à son ancien Supérieur les souhaits de bonne fête (ils devaient être les derniers), le P. Appollinaire entre, en matière d'éducation, dans des détails techniques dont la précision rappelle bien l'ancien collégien d'Éauze.

Séminaire de Saint-Louis d'Anjou, mai 1903.

« Bien cher Monsieur le Supérieur,

« Permettez à un de vos enfants de venir du fond du monde vous offrir ses vœux les plus sincères et les meilleurs de bonne et sainte fête. Il faudra que ce billet traverse la Sibérie pour vous arriver, la froide Sibérie, le pays de la glace ! Si les vœux qu'il vous transmettra vous paraissent froids, comme tous ceux d'ailleurs qu'il faut confier au papier, je vous prie de songer que, malgré notre pauvreté, nous avons ici un Autel où, le 21 juin, je monterai pour confier à Dieu ces vœux du cœur que, depuis bien des années déjà, je confie à votre saint Patron, au jour béni de votre fête.

« Donc, bonne et sainte fête pour vous, très cher Monsieur le Supérieur, pour ceux qui vous sont chers et votre chère œuvre du Petit-Séminaire.

« Depuis l'année dernière, à pareille époque, que d'événements pour moi ! Le 19 juillet, la sainte Obéissance m'envoyait au Séminaire du Vicariat pour y porter des responsabilités que Dieu seul connaît, que mon âme sent bien lourdes et que vous n'avez pas de peine à deviner.

« Avec ma santé toujours débile, mon inexpérience, l'ignorance de la langue, du caractère chinois, je devais trouver et j'ai trouvé des difficultés qui m'auraient certainement écrasé si le bon Dieu, qui choisit toujours ce qu'il y a de plus misérable pour faire ses œuvres, n'avait tout fait.

« Monseigneur (1) a été bien bon pour moi ; avec sa haute et sage direction, tout marche à peu près. Nous avons ici maintenant 19 élèves, 5 autres viendront incessamment grossir notre nombre. Nous

____

(1) Mgr Césaire Schang, O. F. M. évêque titulaire de Vaga et vicaire apostolique du Chang-Tong-oriental.

avons 3 petits cours de latin, 2 philosophes, 4 théologiens minorés et un théologien diacre.

« Vous dire que nos enfants sont sans défauts, serait aussi peu vrai qu'invraisemblable ; ils ont trop coudoyé le misérable, le triste paganisme, pour n'avoir pas reçu quelque éclaboussure. Ils sont donc espiègles et coquins comme les écoliers de France. Malgré toutes les dissertations, plus ou moins imaginaires que j'ai lues au sujet de l'enfant chinois, en comparant celui-ci à l'écolier du Petit-Séminaire d'Éauze et du Collège séraphique de Bordeaux que je connais bien, j'en suis venu à conclure que l'enfant est partout le même. Nos braves petits ont peut-être même un avantage incontestable : ils sont tous fils de vieux chrétiens ; la séve chrétienne est donc abondante chez eux ; l'éducation essentiellement chrétienne qu'ils ont reçue dans la famille, les a préservés de la boue du paganisme, et les rend dociles à toute formation.

« Pour ce qui est du point de vue intellectuel, le petit Chinois trouve de grandes difficultés à s'assimiler les rudiments de la langue latine. Pourquoi ? C'est très simple. L'étude du latin n'est pas seulement une affaire de mémoire, mais encore et surtout d'intelligence ; or, depuis son enfance, on n'a cultivé que sa mémoire. Il a étudié des caractères ; il en sait peut-être des quantités ; il vous les lira le plus souvent sans les comprendre... Au bout de deux ans, nos enfants ayant vaincu les premières difficultés du latin, sont comme nos élèves de France.

La philosophie est aride pour eux... ; ils abhorrent tout ce qui est plus ou moins métaphysique et transcendant. C'est que le Chinois est essentiellement positif... (Suivent d'autres détails que nous donnerons en leur temps.)

« Je m'arrête, bien cher Monsieur le Supérieur. Bénissez votre enfant et l'œuvre si délicate qui lui est confiée. Je n'oublie pas le Petit-Séminaire d'Éauze. Affectueux souvenirs à vos chers professeurs : aux abbés Bourgeac, Laborde, Dupuy, Lanusse, etc. Bonne et sainte fête à M. l'abbé Dupuy ; pour la Saint-Pierre, j'aurai un souvenir tout particulier pour le cher abbé Bourgeac. Je n'oublie pas non plus vos bonnes religieuses (1).

« Votre enfant affectueusement respectueux et reconnaissant,

« Fr. Apollinaire, O. F. M. »

« Je vous envoie ma carte de visite où vous lirez mon *noble* nom : Fang, Tchoung-Shou, ce qui signifie : *Monsieur Fang, charité... !* »

Il y a dix ans que Jean-Marie a quitté le collège d'Éauze : les événements les plus importants le séparent de cette date. Il est allé au Grand-Séminaire : là, pendant trois ans, il a vécu dans l'enthousiasme des choses saintes et contracté les plus pures et les plus durables amitiés ; il a revêtu la bure

(1) Les Sœurs de la Providence de Gap auxquelles étaient confiées l'infirmerie, la lingerie et la cuisine du Petit-Séminaire.

franciscaine. Dans la profession religieuse et l'ordination sacerdotale, son âme a goûté les joies du ciel. Pendant quatre ans, avec ses frères en religion, il a pu véritablement chanter : *Qu'il est bon, qu'il est doux d'habiter ensemble avec des frères!* Enfin, en Chine, il est au terme de ses plus ardents désirs. Son arrivée dans ce pays a marqué le commencement de la réalisation de son plus beau rêve : toutefois, aucune de ces grandes et saintes émotions n'a porté la plus petite atteinte au souvenir reconnaissant que l'ancien collégien conservait à la maison qui, selon son expression, a été pour lui *le premier et béni monastère où il a commencé à aimer Dieu.*

Le collège d'Éauze résumait pour lui toutes les affections du pays natal, de son cher Armagnac, dont il parlait toujours avec enthousiasme. Ses fêtes religieuses, ses vignobles, la profondeur de ses bois, qui lui ont valu le surnom d'Armagnac *le nègre* ou *le noir*, ses légendes populaires, avaient toujours le don de faire vibrer chez lui la fibre patriotique.

« Notre incomparable Armagnac..... Mon cher Manciet! écrivait-il au P. Othon, le 1er juin 1903. On a beau dire : Une nouvelle patrie, si chère soit-elle, quels que soient les travaux, les occupations, les affections nouvelles... on n'oublie jamais la première patrie .. On y songe avec plaisir dans les rares instants de solitude ; on y songe surtout devant Dieu, en particulier le matin au saint Sacrifice. »

Sa correspondance avec ses parents était très

suivie : à tout prix il voulait, par ses lettres, les dédommager du sacrifice continuel que leur imposait son absence. Ceux-ci, de leur côté, lui écrivaient régulièrement, lui donnaient des nouvelles du pays, qu'il lisait toujours avec le plus vif intérêt. Chacune de ses lettres exprime la joie qu'il éprouve d'être ainsi tenu au courant de ce qui se passait en Armagnac.

Deux mois avant sa mort, il reçut l'*Armanach de Gascougno*, calendrier gascon qui publie chaque année les légendes, les contes grotesques et les vieux proverbes du pays de Gascogne.

« Quel bon moment j'ai passé, écrivait-il à l'un de ses amis, en lisant l'*Armanach dé Gascougno!* Comme j'ai ri en revoyant toutes ces vieilles histoires ! *Tout aco qu'èm hazè bremba d'aquèros brabos beillados d'iouer, aou cournè dou houèc* (1).

Cette gaieté de bon aloi, Jean-Marie la conserva jusqu'à la fin de sa vie ; toutefois elle ne se manifestait qu'aux heures de récréation. Dès le collège, nous l'avons dit, il s'appliqua à bien faire chaque chose en son temps : à la chapelle, il priait comme un ange ; à l'étude il travaillait avec ardeur ; en récréation, nul ne dépassait son entrain pour les jeux. Lorsqu'il eut revêtu l'habit ecclésiastique et, bientôt après, la bure franciscaine, n'étant plus à

____

(1) *Tout cela me faisait souvenir de ces bonnes veillées d'hiver au coin du feu.*

l'âge de folâtrer ou de jouer comme au collège, il passa, c'est le mot, son enjouement naturel, à la conversation. La récréation fut toujours pour lui la récréation, aussi bien au Grand-Séminaire et au cloître qu'au Petit-Séminaire d'Éauze : il la considéra, avec raison, comme le temps fixé par la volonté de Dieu pour le délassement de l'esprit ; dès lors il se récréait et récréait les autres, en donnant habituellement à la conversation une tournure plaisante et animée, tout en se préoccupant cependant de ne jamais manquer à la charité. La récréation terminée, Jean-Marie redevenait aussitôt et avec autant de facilité l'homme du silence et de la règle. Son âme ne perdait pas de vue le divin modèle qui *fit bien toute chose*. (MARC, VII, 37.)

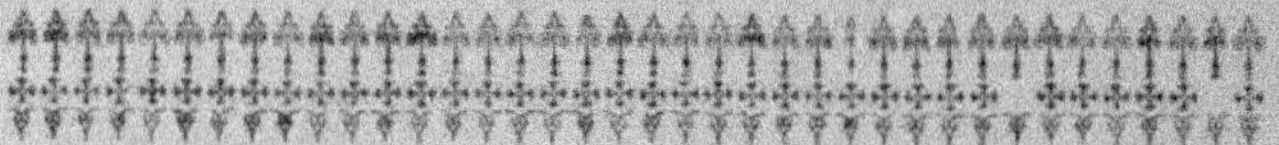

II. — LE SÉMINARISTE

Vers la fin d'octobre 1893, Jean-Marie revêtait la soutane et entrait au Grand-Séminaire d'Auch. Depuis bien des années, il entendait parler de cette sainte maison, de sa régularité, de ses fortes études, de la réputation de science et de vertu que s'étaient justement acquise ses Directeurs, prêtres du diocèse, qui, presque tous, avaient cueilli les palmes doctorales, soit à Rome, au Collège romain, soit à la Faculté catholique de Toulouse.

Jean-Marie considérait donc le Grand-Séminaire comme le sanctuaire de la science et de la vertu. Son attente ne fut pas trompée et son âme se sentit tout de suite dans son véritable élément. Il allait accomplir ses vingt ans. Malgré son attachement extraordinaire au collège d'Éauze, le Grand-Séminaire devenait un milieu beaucoup plus en harmonie avec son âge et ses aspirations ; il trouva tout naturel qu'aux bruyantes récréations du Collège, succédassent ces récréations dans lesquelles la belle humeur, autant que la bonne éducation, assaisonnent la conversation et procurent à l'esprit un salutaire délassement. En dehors de ces heures récréatives, Jean-Marie admira le silence de cette nombreuse communauté se mouvant dans les vastes corridors de la maison en se rendant aux exercices. Son âme éprouva comme une émotion céleste au spectacle grandiose des cérémonies religieuses toujours rehaussées par les chants liturgiques d'une parfaite exécution. Après quarante ans, cette communauté était encore fidèle aux leçons artistiques qu'elle reçut pendant plusieurs années du célèbre maëstro, Aloys Kunc. Le sanctuaire, avec ses chants et sa belle ordonnance, lui apparut alors comme une image du ciel.

Un mois ne s'était pas écoulé qu'il éprouva le besoin de confier les joies de son âme à M. l'abbé Salles, encore professeur au Collège d'Éauze. Il lui adressa les lignes suivantes :

« Grand-Séminaire, 29 novembre 1893.

T. S. E.   V. ✝ J.   S. e. F.

« Bien cher Monsieur l'Abbé,

« Je ne m'arrêterai pas à vous dire combien votre lettre m'a fait du bien. Comme je vous remercie de tout cœur ! Il me manquait cela pour me rendre complétement heureux dans ce Grand-Séminaire que j'aime tant déjà. Comment pourrait-il en être autrement ? et je suis de l'avis du bon abbé

Dauzan qui me disait l'autre jour « qu'on n'aurait pas la vocation si on était malheureux ici. » C'est la famille, l'intimité le *Cor unum et anima una*. Quelles belles âmes nous avons autour de nous : comme on est heureux de se trouver à ce conctat, mais aussi comme on se sent rougir d'être si lâche dans le service du bon Dieu. Sans doute tout n'est pas parfait, mais les ombres sont indispensables au tableau. »

Cette impression surnaturelle ne l'empêchait pas d'apprécier certains avantages de la terre, en particulier les cours et les jardins du Séminaire, exposés au beau soleil du Midi ; sa belle maison de campagne appelée *Beaulieu*, nom quelque peu prétentieux, mais répondant à la réalité.

Cette maison de campagne occupe le sommet d'un côteau qui semble commander aux vallons du Gers et du Sousson traversés par la ligne du chemin de fer d'Agen à Tarbes. Son versant méridional est planté de vignobles, tandis que de vieux chênes et d'agrestes buissons s'échelonnent sur le versant occidental. Un parterre, des charmilles mystérieuses, des arbres nombreux, entourent une modeste chapelle et le cimetière rustique où, depuis soixante ans, Supérieurs et Directeurs viennent dormir leur dernier sommeil, en attendant le jour de la résurrection glorieuse. Au printemps, le chant des oiseaux, le parfum des fleurs et les agréments particuliers à son site gracieux, font de

Beaulieu un séjour ravissant. Dès le premier jeudi après Pâques, les élèves du Grand-Séminaire y arrivent à 5 heures du matin et n'en repartent qu'à 7 heures du soir ; et cette journée de congé complet se renouvelle chaque semaine, jusqu'aux vacances.

Jean-Marie en goûtait les charmes autant que n'importe qui ; ses visites à la chapelle étaient nombreuses et ferventes ; elle possédait, ce jour-là, le Trésor de la terre et du ciel, le saint Sacrement. Entre temps, le jeune Séminariste prenait part aux causeries, aux promenades et aux jeux qui s'organisaient pendant la journée. Que de fois, admirant le riant paysage que l'on peut contempler de cette maison de campagne, et qui n'est limité au midi que par les dentelures neigeuses des Pyrénées, il s'est écrié :

« C'est vraiment beau ! ça me rappelle mon pays ! Cependant, mon Armagnac est encore plus beau avec ses grands bois, ses chênes séculaires... Vue de Dureth, l'antique métropole d'Éauze domine tout le pays... et pour mon cœur, elle domine le monde !... (1). »

L'amour du pays natal a facilement de ces élans hyperboliques ; toutefois, il arrive souvent qu'ils ne sont guère justifiés. Ici ce n'était pas le cas ; de

(1) La *Gallia Christiana*, nous dit qu'Éauze resta métropole de la Novempopulanie jusqu'au IXe siècle ; à cette date, les Normands ayant détruit cette ville, le siège métropolitain passa au siège épiscopal d'Auch.

l'endroit indiqué par Jean-Marie, on jouit d'un magnifique point de vue : la vieille église d'Éauze, s'élevant au milieu d'un cadre aussi grandiose qu'étendu, domine majestueusement tout le paysage.

A 2 kilomètres de Beaulieu et sur le territoire de la paroisse de Pavie, s'élève une modeste chapelle dédiée à la sainte Vierge, sous le vocable de Notre-Dame du Cédon : cette chapelle possède une statue miraculeuse représentant la Mère de Dieu. Au mois de mai, les communautés de la ville d'Auch font successivement leur pèlerinage à ce pieux sanctuaire ; celui du Grand-Séminaire est remarquable entre tous. Indépendamment de cette manifestation collective envers la Reine du ciel, bien souvent, le jeudi, on voit des Séminaristes se détacher de la communauté et s'en aller prier Notre-Dame du Cédon : c'est surtout à l'époque des ordinations, des examens et des vacances que se font ces pèlerinages privés. Jean-Marie aimait ce sanctuaire en véritable Enfant de Marie. Au mois d'août 1898, étant déjà Religieux, il le visitait pour la dernière fois avec son Provincial. Le jeune Franciscain se plaisait à évoquer devant lui de bien doux souvenirs. Avec quelle ferveur, agenouillé devant l'image miraculeuse, il avait recommandé à la Vierge Immaculée sa vocation sacerdotale d'abord et, plus tard, sa vocation religieuse !

Devenir un prêtre selon le cœur de Dieu, tel fut

le but vers lequel Jean-Marie marcha courageusement dès les premiers jours de son entrée au
Séminaire. Pour l'atteindre, il se disait qu'il ne
suffisait pas de travailler comme un vulgaire écolier, de façon à savoir ses leçons et à réussir dans
ses examens, mais qu'il fallait, avant tout, se revêtir
de l'esprit de Jésus-Christ, par l'application à la
prière et à la pratique généreuse des vertus sacerdotales. Nous l'avons vu au collège d'Éauze se
conformer déjà aux conseils des maîtres de la vie
spirituelle et déclarer une guerre d'extermination
à la violence de caractère, qu'il croyait être son
défaut dominant. Cette précoce énergie nous donne
la mesure de ce que fut tout de suite l'élève du
sanctuaire, sérieusement désireux de progresser
simultanément dans la science et la vertu. Selon
l'expression du grand Apôtre, il travailla résolument à former en lui *cet homme parfait, préparé
pour toute œuvre bonne.* (II Tim., III, 17.)

L'un de ses condisciples et amis, M. l'abbé Joseph
Béreilh, curé de Cravencères, près Manciet, nous
a transmis comme le résumé des impressions que
Jean-Marie laissa au Séminaire à plusieurs de ses
condisciples. Dans ce résumé, nous prenons celle
qui nous paraît reproduire le plus fidèlement la
physionomie du Séminariste.

« Son affabilité, son sourire perpétuel, sa gaieté
en récréation, sa piété à la chapelle, son amour de
la Règle... tout le monde vous dira que le P. Apol-

linaire avait ces qualités à un degré supérieur. »

Un autre condisciple, laissant entrevoir toutes les délicatesses de cette âme demeurée toujours jeune, fait cette réflexion :

« Oh ! qu'il avait peur de scandaliser !... »

Tel était Jean-Marie au premier jour de son séminaire, tel fut-il jusqu'à son dernier jour. Nous savons que François d'Assise devint un modèle d'humilité à force de lutter contre la vaine gloire qui, jusqu'à ses vingt-cinq ans, fut son défaut dominant ; nous savons aussi que le *doux* François de Sales fut un modèle de douceur par sa persévérante énergie à lutter contre un tempérament violent. Loin de nous de vouloir comparer le petit Frère Mineur de Manciet à ces géants de la sainteté ; qu'il nous soit simplement permis de rapprocher l'appréciation que nous citons plus haut des confidences et des écrits de Jean-Marie, et l'on reconnaîtra que le Séminariste a marché dans la voie dans laquelle les saints ont marché ; que lui aussi, selon l'expression de saint Augustin, *s'est fait une échelle* de son défaut dominant, en le tenant constamment *sous ses pieds* ; et que lui qui, par tempérament, se sentait porté à l'irascibilité, est devenu, la grâce aidant son énergie, un modèle d'affabilité et d'aimable gaieté.

Du reste, voici une appréciation que l'on ne pourra pas suspecter d'avoir été inspirée par les complaisances de l'amitié. Jean-Marie avait passé trois ans au Grand-Séminaire ; il allait quitter cette sainte maison pour entrer dans l'Ordre des Frères Mineurs. Le dossier de l'enquête canonique renferme la lettre suivante adressée par son Supérieur au Provincial d'Aquitaine :

Grand-Séminaire d'Auch, 8 septembre 1896.

« Mon Très Révérend et bien cher Père,

« A cette date du 8 septembre et en la douce fête de la Nativité de Marie, je vous apporte une bonne nouvelle.

« Monseigneur l'Archevêque a consenti, quand je lui en ai fait la demande, à laisser partir pour le Noviciat le cher abbé Jean-Marie Dufrançois. Le voilà donc libre de suivre sa vocation. Je l'en ai informé, hier, aussitôt que Monseigneur eut confirmé, devant le Conseil, la décision qu'il avait prise. Que le bon Dieu soit béni mille fois ! Vous connaissez le sujet qui vous arrive. Je n'ai donc pas besoin de vous en faire l'éloge, mais je le pourrais sans aucunement m'écarter du vrai, même par une simple exagération. C'est une excellente nature, très droite et très généreuse. Je ne doute pas que cet enfant ne réponde pleinement à vos désirs pendant son noviciat et plus tard. Le Séminaire d'Auch vous fait là un beau cadeau...

« Signé : Eug. Sembres, *Sup.* »

Donnons encore une appréciation reproduite par la *Semaine religieuse d'Auch* :

« Au Grand-Séminaire, Jean-Marie Dufrançois a laissé un tel souvenir de piété et de régularité, que M. l'abbé Sembrés, son Supérieur, parlant de lui, disait qu'il ne croyait pas avoir connu une âme plus sacerdotale, plus surnaturelle, et il ajoutait, plus séraphique (1)... »

Le témoignage des condisciples et celui des Supérieurs sont plus que suffisants pour nous dépeindre l'édifiante conduite de Jean-Marie au Grand-Séminaire ; ils nous disent exactement l'impression que laissa son passage dans cette communauté. Celle que Jean-Marie en emporta se résume dans cette phrase de l'une de ses lettres :

« Au Séminaire, je vénère tous les Directeurs et parmi les élèves je n'ai que des amis. »

La lettre suivante, écrite à son Provincial, deux mois après sa profession religieuse, nous retrace le souvenir profond qu'il conservait de son Séminaire. Il avait dû se rendre dans son pays pour y subir une troisième fois le conseil de revision dont il sortit réformé. Le P. Othon lui avait recommandé de passer par Auch, afin de pouvoir saluer ses anciens Directeurs du Séminaire. C'est du couvent de Béziers que le P. Apollinaire lui écrivit le

(1) La *Semaine religieuse de l'archidiocèse d'Auch* 32ᵉ année, nᵒ 36, 9 juillet 1904, p. 576.

Grand-Séminaire d'Auch (façade extérieure).

16 novembre 1897, pour lui raconter *la journée du ciel* qu'il avait passée dans cette sainte maison :

..... « Je suis parti samedi matin pour Auch, comme vous me l'ordonniez, et j'ai passé là une journée tout à fait du ciel : la journée du dimanche. Je ne vous dis pas l'accueil de M. le Supérieur et du cher Directeur que le bon Dieu me fait la grâce d'aimer encore, et plus que jamais, du fond du cœur. J'ai revécu une journée du Grand-Séminaire. Dieu veuille que je n'ai pas trop scandalisé. J'ai été accablé par les bons abbés, qui tous m'interrogeaient et me parlaient à la fois ; j'en ai vu un grand nombre en particulier, un plus grand nombre encore eussent voulu s'entretenir avec votre indigne ; oh ! je vous en fais l'aveu, simplement et sans vanité, parce qu'il n'en vaut pas la peine, comme j'ai regretté de n'être pas plus chaud pour parler avec des cœurs si chauds et qui me témoignaient une estime que je ne mérite certainement pas ! Je dois vous confesser aussi, que j'ai bien regretté (et ceci pour m'humilier un peu, parce qu'il y a peut-être quelque chose d'humain), j'ai regretté, dis-je, que le temps fût si court ; mais il y a de si bonnes âmes au Grand-Séminaire ! quelques-unes si héroïques ! »

Le jeune Franciscain demeurera fidèle au souvenir et aux saintes affections de la maison de Dieu.

Dans l'épanchement et l'évocation du souvenir, son admiration pour les Directeurs se traduisaient à la moindre occasion. Le Supérieur était pour lui un prêtre éminent entre tous : « Homme de prière, homme de règle, homme de devoir, homme d'énergie ; oh ! comme il connaît vite son monde, disait-il souvent ! et quelle facilité et quel brillant de parole ! »

Jean-Marie disait vrai. Toutes ces qualités se trouvaient véritablement dans le jeune Supérieur du Grand-Séminaire d'Auch. Une mort prématurée est venue, hélas ! l'arracher brusquement à la famille lévitique à laquelle il se dévouait sans mesure.

Parmi les autres Directeurs, qui tous inspiraient à Jean-Marie la plus sincère vénération, il s'en trouva un vers lequel sa confiance alla tout naturellement. M. l'abbé Déauze, après son temps de Grand-Séminaire, était allé à Paris, à l'École des Carmes, afin de se perfectionner encore dans les études théologiques. À son retour au pays, l'archevêque d'Auch le nomma vicaire à l'église métropolitaine et, deux ans après, lui confia la chaire de théologie morale. Jugement droit, tempérament très calme et très réfléchi, M. Déauze, aux qualités techniques du professeur, alliait une grande finesse d'esprit qui lui valut partout, mais surtout au Séminaire, une certaine popularité. Si nous ajoutons que, neveu d'un ancien curé de Manciet, il avait passé son enfance au pays de Jean-Marie, on comprendra aisément que le jeune Séminariste ait été attiré vers lui et naturellement et surnaturellement. Après le culte de la famille, nous ne pensons pas que dans cet ordre d'idées et de sentiments, le cœur de Jean-Marie ait eu pour un autre une vénération plus grande que celle qu'il éprouvait pour son Directeur. Il ne sut jamais l'appeler que son *cher* M. Déauze, le *bon* M. Déauze, le *bien vénéré* M. Déauze ; et lorsque des infirmités précoces vinrent immobiliser dans sa chambre l'éminent Directeur, et qu'on le vit s'acheminer tout doucement vers son dernier jour, son ancien pénitent en éprouva une bien vive douleur : on en trouve l'empreinte dans toutes les lettres qu'il écrivit à ses parents ou bien à ses condisciples.

Voici, du reste, comment il en parle au premier instant à M. l'abbé Salles, son très affectionné confident, dans sa lettre du 29 novembre, dont nous avons donné plus haut la première partie :

« J'ai pris pour Directeur M. l'abbé Déauze. Chaque fois que je le vois, il me semble voir le bon Dieu et je m'ouvre à lui avec une liberté, avec un bonheur qui me fait un bien étrange. La dernière fois que je le vis en direction, il fallut que je lui raconte ma vie, et je lui ai tout dit, tout absolument. Je lui ai fait votre commission, et il m'a chargé de vous dire (je vais rapporter ses propres termes) : « Qu'il vous aime toujours beaucoup ; qu'il vous recommande d'aimer beaucoup ces pauvres petits enfants d'Éauze et de leur faire beaucoup de bien. »

Sept ans plus tard, M. Déauze arrivait au terme
de sa carrière : Jean-Marie en apprenait la douloureuse nouvelle le 8 novembre 1900 ; c'est encore
dans le cœur de son ancien professeur de troisième,
devenu Directeur au Grand-Séminaire, qu'il vient,
dès le lendemain, épancher sa filiale douleur :

..... « Nous avons ou nous aurons dans un bref
délai un protecteur au ciel ! Il est bien permis de
pleurer un père que nous aimions tant et qui
méritait tant notre affection ! Vous savez les titres
que le cher M. Déauze avait à ma reconnaissance
filiale : je lui dois tout, après Dieu, pour ma vocation ! Il est le père de mon âme ; il fut vraiment
pour elle son premier guide, son ange gardien,
l'interprète vivant et éclairé de la volonté de Dieu...
Dès que j'ai appris la douloureuse nouvelle, j'ai
songé à vous écrire, sachant bien que notre douleur
est commune. J'ai pensé que vous seriez assez bon
pour me représenter auprès du cercueil et à la
sépulture du cher défunt, qui fut et restera à
jamais notre Père commun devant Dieu..... Il laisse
un grand vide au Grand-Séminaire et dans le
diocèse. Sa place sera désormais au ciel et dans les
cœurs. Je vous prie de dire à M. le Supérieur,
combien je prends part à ce deuil de famille. Je le
partage comme un fils religieusement affectueux et
reconnaissant devant Dieu qui nous avait donné un
si bon Père et qui nous le reprend. »

Nous allons voir, en effet, M. Déauze justifier

pleinement les titres que Jean-Marie lui avait donnés dans l'expression de sa reconnaissance et de
sa douleur.

Il y avait à peine quelques mois que Jean-Marie
était au Séminaire, lorsque des aspirations encore
vagues à l'apostolat parmi les infidèles commencè-
rent à se graver sérieusement dans son âme. Lui-même nous a raconté qu'un jour il fut saisi par la pensée
que des millions et des millions d'infidèles ne pouvaient sortir de l'idolâtrie, parce qu'il ne se trouvait
aucun prêtre pour faire luire à leurs yeux la lumière
de la vérité, tandis qu'en France seulement il y en
avait plus de *trente mille !* Cette pensée fut le point
de départ de sa vocation apostolique. Sans doute,
le futur Franciscain réalisait ce que les Frères Mineurs chantent pour la fête de François d'Assise :
*Non sibi soli vivere sed aliis proficere vult zelo Dei
ductus.* « *Conduit par le zèle de Dieu, il ne veut pas
vivre pour lui seul, mais pour faire du bien aux
autres.* » Or, à cette époque, dans la belle communauté du Séminaire d'Auch, se dessinait parmi les
élèves un courant très prononcé pour les Missions
étrangères. Les âmes élevées, à idéal commun et
à communes aspirations, se sont vite comprises.
Jean-Marie eut l'intuition de ce courant et prit
joyeusement passage parmi ceux qu'il entraînait.

Il ne nous est pas possible de citer les noms que
le P. Apollinaire a prononcés plusieurs fois devant
nous ; mais s'ils n'ont pu rester dans notre mémoire,
nous pouvons affirmer qu'ils ne sont jamais sortis

du cœur de notre Missionnaire. Des circonstances particulières nous permettent de nous rappeler seulement MM. Bacqué et Gautié. M. Bacqué, des Missions Étrangères, est, depuis trois ou quatre ans, un des plus vaillants pionniers de l'Évangile, dans l'empire chinois. Jean-Marie Gautié, dont il sera encore question, suivit Jean-Marie Dufrançois au Noviciat des Franciscains de la Province d'Aquitaine et le précéda de trois ans dans le *céleste* empire. Chez les Frères Mineurs, il est connu sous le nom de Père Louis Gautié, de Saint-Orens (1). « Véritable apôtre, nous écrivait un jour son Évêque, perdu dans un lointain district, vivant dans les plus grandes privations de la gêne ou de la misère, mais ne se plaignant jamais, toujours content, toujours tout entier aux âmes et à Dieu ! »

Il est aisé de se représenter l'entrain de cette intéressante jeunesse : la facilité avec laquelle ces imaginations de vingt ans formaient les plus beaux rêves et les plus saints projets d'apostolat. Mais en attendant, dans ce milieu de prières, d'études et de silence, nos futurs apôtres préparaient leurs âmes : déjà leur ferveur et leur régularité exerçaient autour d'eux un véritable apostolat ; à l'occasion, à cet apostolat de l'exemple, ils ajoutaient celui de la parole auprès de tel ou tel de leurs condisciples, susceptibles de recevoir un encouragement à la prière, à la fidélité au règlement du Séminaire.

(1) Saint-Orens, près Mauvezin (Gers), son pays natal.

Au temps des vacances, une occasion de continuer cet apostolat se présenta à Jean-Marie Dufrançois. La paroisse de Cravencères avait perdu son Curé et le Curé de Manciet en était chargé jusqu'à la nomination du nouveau titulaire. Mais l'importante paroisse de Manciet ne laissait à son pasteur que de rares et bien courts loisirs. Il fallait cependant pourvoir à la première nécessité, celle de faire le catéchisme aux enfants. M. le Curé de Manciet proposa à Jean-Marie de s'occuper de cette œuvre ; le jeune abbé l'accepta avec tout l'empressement de son âme d'apôtre, et il alla plusieurs fois par semaine faire le catéchisme à Cravencères. C'est donc l'église de cette modeste paroisse qui, à proprement parler, a eu les prémices de son apostolat.

L'église de Cravencères est une des plus anciennes du pays ; elle serait l'une des plus remarquables, si son abside, du plus beau et du plus pur roman, n'avait été dégradée par un rétable, genre renaissance. On est porté à croire que cet édifice, qui paraît antérieur au XIIme siècle, est l'un des premiers bâtis par ces moines auxquels il faut attribuer l'origine de la plupart des paroisses.

A son insu, le futur missionnaire de Chine, aurait donc commencé son apostolat dans l'un des plus vénérables monuments élevés par les premiers moines missionnaires d'Aquitaine.

Par une singulière coïncidence, l'église de Cravencères, qui avait eu les prémices de son apostolat, fut aussi la dernière à entendre sa voix. M. le

Église de Gravencères *(Chevet et sacristie)*.

Curé de Cravencères se trouvait être le neveu de son Provincial ; il eut une mission prêchée par son oncle au mois de mars 1901. Pour le bien de la paroisse et aussi pour la consolation de la famille, le Provincial appela à son aide le P. Apollinaire pendant la seconde partie de la mission. La présence, dans l'église, de ce jeune Franciscain, son attitude modeste et recueillie, furent une véritable prédication ; c'est lui qui fit le sermon de circonstance pour la belle cérémonie en l'honneur de la sainte Vierge. En lui tout prêchait ; mais dans la chaire de vérité, il produisait l'impression que donnaient les saints ; la piété et l'élévation de son langage, alliées à la gravité de son geste, faisaient oublier sa jeunesse ; sa robe de bure grossière, son visage nimbé de modestie, déjà marqué de l'ascétisme de l'homme intérieur, et son front couronné de la couronne monastique, présentaient à l'auditoire comme l'apparition de l'un de ces jeunes saints si nombreux dans l'histoire des Ordres religieux.

Aux heures de récréation, le P. Apollinaire redevenait l'homme de la bonne humeur. Chaque jour, après dîner, on allait visiter la paroisse. Les deux anciens d'Éauze évoquaient à l'envi les plus joyeux souvenirs de leurs années de collège : les philippiques de tel professeur, les prouesses buissonnières de tel camarade, les cocasses entreprises de tel autre, etc., étaient la matière inépuisable qui alimentait les conversations de ces promenades aussi récréatives qu'édifiantes. Jamais dans les bois de l'Armagnac noir n'avaient retenti de plus francs éclats de rire : et le Provincial d'Aquitaine, malgré ses cinquante ans passés, ne croyait déroger ni à sa dignité ni à la gravité de son âge en s'associant de tout cœur à la gaieté des deux anciens d'Éauze.

Le P. Apollinaire figura aussi dans une cérémonie inoubliable qui se fit au cours de la même mission. La paroisse de Cravencères possède une église annexe qui a pour titulaire sainte Claire d'Assise ; cette église parait encore plus ancienne que l'église paroissiale. Bâtie en brique cuite, comme celle des Saints-Vincent-et-Anastase-aux-Trois-Fontaines, dans la campagne de Rome, les trois fenêtres étroites et superposées qui percent son chevet, reproduisent exactement la disposition et la forme des trois qui éclairent le transept des Saints-Vincent-et-Anastase, sanctuaire que l'on assure remonter à la plus haute antiquité.

A quelle date la séraphique vierge d'Assise fut-elle donnée comme titulaire à la vieille église, connue en Armagnac sous le nom de *L'hôpital ?* on n'a pu encore le déterminer. Au cours de la mission, le Provincial d'Aquitaine put enrichir l'antique sanctuaire d'une relique de sainte Claire : ce fut l'occasion d'une fête presque régionale. La cérémonie était présidée par M. le Curé-doyen de Nogaro. L'entrain de la population, travaillée déjà par quinze jours de mission ; les jeunes filles de la paroisse en robe blanche et en long voile blanc entourant le gracieux pavillon qui portait la relique ; l'affluence et la bonne tenue des étrangers ; enfin toute la foule chantant avec enthousiasme un cantique composé en l'honneur de sainte Claire, transformèrent la fête en une manifestation de foi dont le P. Apollinaire ne perdit jamais le souvenir.

Le 1er juin 1903, du fond de la Chine, il écrivait à son ancien Provincial :

« Ces souvenirs et ces points de repère me restent bien chers. Vous savez à quelle date ils remontent pour moi : Mission de Manciet... Retraite du Grand-Séminaire... Noviciat... Profession... Prêtrise... Cravencères... Dernier voyage à Marseille... et je ne nomme pas le pèlerinage à la patrie de notre cher martyr de Saint-Martin-du-Taur (1)... Saint-Palais et bien d'autres.

« Je garde toujours dans le Bréviaire la copie autographe (c'est authentique... on ne le niera pas) de :

> « Devant vous, Vierge séraphique
> « Nous venons prier à genoux ! etc.

« Malheureusement toute la copie n'est pas de vous, mais elle me rappelle bien souvent et votre souvenir et celui de notre Sainte-Claire de l'Hôpital qui fut si fêtée lors de votre si belle et si consolante mission. Je ne reverrai plus ce béni sanc-

(1) Le P. Théodoric Balat, de Saint-Martin-du-Taur (Tarn), Religieux franciscain de la Province d'Aquitaine, missionnaire apostolique, massacré le 9 juillet 1900, à Taï-iuen-fou, dans le Chan-si (Chine).

tuaire, pas plus que notre incomparable Armagnac
et notre cher Manciet, mais comme tous les souvenirs du passé, personnes, choses et lieux restent
vivants dans mon souvenir et dans mon cœur... »

Revenons à notre Séminariste. Jean-Marie terminait sa première année de théologie : cinq ans
s'étaient écoulés depuis le jour où le P. Othon
l'avait rencontré dans la sacristie de l'église de
Manciet, lorsque ce Religieux vint prêcher au
Grand-Séminaire la retraite de fin d'année ; c'était
pendant la seconde semaine de juillet 1895. Un jour,
il entendait les confessions des Séminaristes qui se
succédaient dans sa chambre ; l'un d'eux, avant de
se mettre à genoux, se tourna modestement vers
lui en lui disant presque à demi-voix :

« Vous ne me reconnaissez pas, mon Révérend
Père ?

— Mais non, répondit le Religieux.

— Je suis Dufrançois, de Manciet.

— Oh ! oh ! mon cher enfant ! comment voulez-
vous que, cinq ans après, je reconnaisse dans un
jeune abbé le collégien d'Éauze. C'est que vous
avez grandi... et, je l'espère, à tous les points de
vue... Mais si je ne vous reconnais pas, je n'ai
certes pas oublié votre nom qui, pour un Franciscain, est un nom inoubliable. *Dufrançois!* je me
rappelle fort bien que je vous ai dit dans la sacristie
de Manciet que ce nom vous prédestinait à être à
saint François... Franciscain...

— Oh ! j'aime beaucoup saint François d'Assise, répliqua Jean-Marie, mais je ne vois pas comment je pourrais être Franciscain. Je me sens fortement appelé à être missionnaire, pas en France, mais chez les sauvages ou païens... en Chine, par exemple.

— Qu'à cela ne tienne, mon cher ami, il vous sera très facile de suivre votre attrait en venant chez nous. Au moyen âge, les Franciscains ont été les premiers missionnaires de la Chine, ils ont encore dans cet immense pays neuf Vicariats apostoliques. Le Saint-Siège vient de créer celui du Chang-Tong oriental pour les Franciscains français et c'est un Franciscain, ancien novice du couvent de Pau, qui en a été nommé le premier évêque.

— Et vraiment, reprit Jean-Marie, je pourrais aller Missionnaire en Chine si j'étais Franciscain ?

— Parfaitement, mon cher ; il y a même cela de particulier, dans notre Ordre, c'est que le Religieux peut choisir le pays qu'il se sent appeler à évangéliser ; et si on lui reconnaît l'ensemble des qualités et des vertus qui font les hommes vraiment apostoliques (entendez bien ceci), les Supérieurs ne peuvent pas s'opposer à son départ. »

Le P. Othon ajouta d'autres considérations que Jean-Marie tout étonné écoutait comme une révélation, oubliant qu'il était venu se confesser et que d'autres attendaient leur tour à la porte de la chambre. Sa confession terminée, il se releva et tout ému :

« Oh! mon Père, comme je vous remercie de m'avoir appris que l'on pouvait être Franciscain et Missionnaire parmi les infidèles : moi qui aime tant saint François d'Assise !

— Eh bien, mon cher enfant, il faut prier, réfléchir et consulter votre Directeur pour connaître la volonté de Dieu ! Laissez-moi vous dire encore que le Chang-Tong oriental que le Saint-Siège a confié aux Franciscains de France, compte plus de *douze millions d'habitants* dont à peine *quinze* ou *vingt mille* catholiques dispersés sur une superficie égale à celle de dix départements français, et seulement avec huit ou dix missionnaires !

« Vous le voyez, cher ami, *messis quidem multa, operarii autem pauci : rogate ergo Dominum messis ut mittat operarios in messem suam...* » (MATH., IX, 37.)

Jean-Marie rentra dans sa chambre vivement impressionné par cet entretien. Dès ce moment, il songea sérieusement à la vie franciscaine, tout en subordonnant ses pieux désirs à la sage et prudente direction de M. Déauze.

La lettre suivante écrite au P. Othon, six mois après, nous dira sa docilité, le sérieux de ses aspirations et sa générosité. Nous la donnons en son entier ; elle est la première manifestation d'une âme qui commence ses sublimes ascensions.

« Auch, Grand-Séminaire, 14 février 1896.

V. † J.   T. S. E.   S. e F.

« Mon Très Révérend Père,

« Je voudrais devenir pendant quelques instants, au moins de cœur, votre petit novice et vous parler comme ils vous parlent, c'est-à-dire en toute ouverture d'âme, simplement et humblement devant Dieu.

« L'année dernière fut pour moi une année de tourment. Pas compris de mon vénéré Directeur avec lequel je n'étais pas, sans doute, assez ouvert ni assez clair ; ballotté entre ces deux alternatives *ou* Franciscain *ou* Missionnaire, mais sans consolation et surtout sans décision de la part de mon Directeur, je sortais de chez lui toujours triste ; j'y allais tous les mois, mais presque avec peine. Le bon Dieu vous a envoyé, à la fin de l'année, pour notre retraite d'ordination et il vous souviendra peut-être que je m'ouvris à vous dans un petit billet. Je le fis pleinement, je crois, et de tout cœur.

« Le bon Dieu m'en récompensa, car aussitôt que vous eûtes prononcé le mot de Franciscain-Missionnaire, le calme se fit en moi et je sentis une joie et une tranquillité qui ne m'ont pas abandonné depuis.

« Ce que je sens, mon Père? c'est une conviction intime qui se fortifie tous les jours, un bonheur intérieur que je ne sais pas rendre, mais que je sens plus parfait tous les jours, surtout quand je suis bien sage, quand j'observe bien la Règle et quand je prie avec tout mon cœur. Il y a des moments où je suis débordant, alors, je sens qu'il n'y a pas de doute et que le bon Dieu me veut, moi si vif, si facile à mettre en colère, si orgueilleux, si léger, pour devenir l'enfant de son Cœur et aussi le vôtre. Tous mes défauts sont autant d'objections que je me pose, mais ce que je sens répond à tout.

« Il y a des moments où je serais tenté de me relâcher ou pour la discipline, ou pour la piété, ou pour le travail, et alors ce que je sens me fait rougir : tu serais Franciscain et Franciscain-Missionnaire et tu violerais la Règle impunément ? tu n'aimerais pas le bon Dieu de tout ton cœur, tu serais paresseux ! cela me fait rentrer en moi-même et cela m'aide bien souvent à mieux faire mon devoir.

« L'année dernière j'avais des idées qui me troublaient profondément quelquefois : je songeais à mes parents qui s'imposent pour moi tant de sacrifices et qui comptent tant sur moi ; j'étais encore plus mondain qu'aujourd'hui et je me posais en objection ce que m'offrait le monde, même étant Curé dans une paroisse ; je m'objectais moi-même, tel que je suis, ami des aises par nature, aimant mes parents à la folie, si orgueilleux, si pétri de vanité ! Tenez, mon Père, ce défaut me désole :

c'est le défaut dominant que je combats à outrance, mais que je n'étoufferai jamais, sans doute, bien que j'aie obtenu des résultats dont je remercie le bon Dieu qui voit mes combats intimes et qui sait que je veux, à tout prix, devenir un saint. Eh bien, mon Père, ces objections, qui m'ont fait tant de fois pleurer l'année dernière, me laissent l'âme toujours calme et sereine : si le bon Dieu me veut (et il me semble que je ne veux que ce qu'il veut lui-même), il me prendra, malgré mes parents, malgré l'autorité, malgré moi-même. Ah ! par exemple, je m'attends à tout. J'aurai le cœur brisé bien des fois, je le sais ; je ne me fais pas illusion, mais si le bon Dieu m'appelle, je vous le dis sans exaltation, au pied du crucifix, et, dès lors, en toute humilité, mon Père, je partirai !

« Voilà ce que je sens et voilà pourquoi j'attends avec patience, sans me monter la tête, priant et tâchant de devenir meilleur. J'ai soif de mortifications et d'humiliations ; ce qui me fâchait autrefois, ce qui me révoltait ou m'humiliait, le plus souvent, je l'accepte avec bonheur et quelquefois avec joie ; j'ai soif de pureté et de chasteté ; je n'ai pas grand mérite, car vous ne devineriez jamais l'horreur instinctive que j'ai pour toute idée ou tout mot que je rencontre contraire à la sainte vertu. J'ai demandé au bien cher M. Déauze la permission de consacrer tout spécialement ma chasteté à la très sainte Vierge, en attendant que je puisse la lui consacrer par un vœu formel, et il me tarde. Il me l'a permis et je fis cette consécration le 1er janvier.

« Et maintenant, ce que veut le bon Dieu de moi, je n'en sais rien. Je me jette dans sa paternelle Providence, par l'intermédiaire de ce cher et vénéré Directeur que j'aime tant et plus que jamais. Il lira ces lignes avant qu'elles ne vous arrivent ; il m'a lui-même conseillé de vous les écrire et il ne sera pas étonné de ce qu'elles contiennent, car ce que je vous dis, je le lui ai dit aussi, et aussi bien que j'ai su. Je me mets entre ses mains et, plein de confiance dans sa paternelle direction, mon Père, je promets devant ce crucifix (que vous portez sur votre poitrine, que je vois d'ici et que je serais si heureux de baiser en ce moment), je promets de ne pas faire un pas sans son ordre, qui est l'ordre du bon Dieu lui-même.

« Mon Père, donnez-moi votre bonne bénédiction. Si j'osais vous demander une petite grâce, mais pourquoi n'oserais-je pas ? il me semble que jusqu'ici je vous ai appelé mon Père et je sens, au fond du cœur, que vous devez l'être et que vous le serez. J'ose donc vous demander d'abord votre bonne prière et celle de vos novices. Dans quelques jours, je passerai mon second conseil de revision. Il s'agit de faire violence au bon Dieu, mais une douce violence, comme qui dirait une douce séduction et, pour cela, je ne compte que sur de bonnes prières. Oh! je vous en supplie, priez bien saint François ; jamais vous ne diriez comme je l'aime, ce bon saint François !

« Votre respectueux et tout affectueux novice, novice au moins de cœur.

« JEAN-MARIE DUFRANÇOIS. »

Le jeune Séminariste ne se fait pas d'illusion sur les épreuves qui lui sont réservées. Depuis plusieurs années, il a pris pour devise : *In via recta semper cum Cruce firmus.* Sa conduite avait pleinement réalisé la première partie de cette belle devise ; le droit sentier de la vertu était l'unique chemin dans lequel il s'appliquait généreusement à marcher. Heureux de la joie que donnent l'amour de Dieu, l'accomplissement du devoir, la tendresse des parents, la bienveillance des maîtres et la franche amitié de ses condisciples, Jean-Marie ne connaissait pas encore la Croix, et la Croix se présentait ; c'était la seconde partie de sa devise. Jean-Marie l'accepta vaillamment, on peut dire qu'il la porta jusqu'à la fin de sa vie ; ses lettres vont nous le raconter.

Le martyre de son cœur si aimant, mais en même temps si surnaturel, commença le jour où le Seigneur lui dit : *« Sors de ton pays, de la parenté et de la maison de ton père, et viens dans la terre que je te montrerai.* (Gen., XII, 1) » Ce martyre eut, pour son âme d'apôtre, la consommation la plus douloureuse et en même temps la plus résignée, le jour où le Maître du champ céleste lui demanda de cesser son apostolique labeur et de quitter *cette terre qu'il lui avait montrée,* terre aimée qu'il aurait voulu, pendant quarante ans encore, arroser de ses sueurs et de son sang !

Le 6 avril 1896, il écrivait au P. Othon :

« Monsieur le Supérieur m'ordonne de vous écrire pour vous exposer la situation de ma famille ; il ne m'en coûte pas beaucoup d'obéir et je m'exécute de très bonne grâce, *corde aperto,* comme toujours. »

[Suivent quelques détails d'ordre familial.]

... « Mon Père, j'ai obéi en conscience et je crois vous avoir tout dit... Mon père pleurera beaucoup, mais se soumettra à la sainte volonté de Dieu, parce qu'il a une foi forte ; maman et ma grand'mère, par exemple, me feront une opposition que le temps seul pourra vaincre... Je m'attends à tout de leur côté, mais vous ne me voudriez pas si je ne souffrais pas un peu. Je ne sais guère encore ce que c'est que souffrir, souffrir des rebuts, des paroles cruelles de la part de ceux que j'aime tant après Dieu ! Mais ce que je sais, ce que je médite bien souvent pour me préparer au combat, c'est que Notre Seigneur a eu toutes les croix, c'est que tous les saints ont eu leurs croix, et le très bon Père saint François, le bienheureux Jacopone et tant d'autres ont eu des rebuts du côté de leurs familles, qui ont été sûrement plus cruels que ceux que j'aurai à supporter.

« Mon Père, je suis entre les mains du bon Dieu et j'essaye tous les jours de m'y mettre davantage ;

si sa sainte volonté est que je souffre, il faudra bien qu'il m'aide à souffrir, et s'il me veut tout à lui, comme je sens qu'il me veut tous les jours davantage, malgré ma misère, tous les obstacles tomberont et sa sainte volonté s'accomplira. Il me semble que je n'ai soif que de cela. La sainte Volonté de Dieu. *Fiat ! Fiat !*

« Mon bon Père, je finis ce long et matériel bavardage : si je vous ai ennuyé, et je l'ai fait sûrement, envoyez-moi un grand coup de votre discipline (ce n'est pas dangereux... par la poste) ; n'oubliez pas quand même de me bénir ; je me mets à genoux à vos pieds.

« Votre enfant et novice de cœur *in X^{to}*.

« J.-M. DUFRANÇOIS.

« Je passe mon conseil de revision le 4 mai ; je compte sur vos promesses. »

Jean-Marie avait été ajourné, au premier conseil de revision. La perspective de la caserne était loin de lui sourire ; toutefois, comme en toute chose, il subordonnait sa volonté à la volonté de Dieu.

Le 13 mai 1896, il écrivait au Père Provincial :

« Nous devons être à Nogaro, mardi prochain 28 mai, à 1 heure du soir, pour être examinés (1). Il faut s'exécuter de bonne grâce... Une fois de plus,

(1) Le conseil de revision fixé d'abord au 1er mai avait été remis au 28 de ce même mois.

je viens demander vos bonnes prières et celles des petits Frères qui sont si heureux ! oh ! si heureux d'être vos enfants, tout à fait vos enfants ! Demandez-leur pour moi, je vous prie, quelque petit *Ave Maria,* surtout mardi. J'essayerai d'être reconnaissant dans la mesure de mes misérables forces.

« J'ajoute un mot : ce conseil a, pour moi, une importance réelle et toute spéciale. J'ai été ajourné une fois ; si je le suis encore, l'argument du service militaire contre mon départ n'en est plus un en réalité, comme je le disais à M. le Supérieur, puisque, soit que je sois ici, soit que je sois chez vous, je n'aurai jamais qu'une année de caserne à faire, en supposant que je sois pris la troisième fois...

« En attendant, je suis entre les mains du bon Dieu ; s'il me veut soldat, si c'est pour mon bien et pour sa gloire que je fasse deux années de service, eh bien ! je suis prêt au sacrifice et je bénis d'avance sa sainte volonté et ses desseins sur mon âme...

« Votre enfant, bien tout à vous en Jésus, Marie et Joseph.

« JEAN-MARIE DUFRANÇOIS. »

Saint Joseph est le patron du Grand-Séminaire d'Auch. Jean-Marie avait déjà une grande dévotion au glorieux Époux de l'Immaculée Vierge Marie. Le P. Othon lui inspira peut-être une confiance plus grande, lorsque, lui conseillant de confier à saint Joseph l'affaire de sa revision, il lui eût raconté quelques traits assez frappants dans lesquels il se plaisait à voir une assistance particulière du grand Patriarche.

Le 4 juin 1896, Jean-Marie lui annonçait l'heureux résultat du conseil de revision : « J'étais bien sûr que saint Joseph ne me voudrait pas soldat cette année-ci. Ce n'était pas concevable. Jugez donc s'il allait m'abandonner au dernier moment, après m'avoir tant gâté pendant tout le courant de cette année ! Il n'a pas osé me réformer tout d'un coup, à cause de l'ébahissement qui aurait pu s'en suivre, mais il m'a bien ajourné et je ne pouvais guère lui en demander davantage.

« Je vous assure que je n'étais pas trop fier. Je n'ai pas été malade depuis ma quatrième au Petit-Séminaire, et cette année je n'ai pas eu l'ombre même d'un rhume !

« Je puis, je crois, chanter des *Te Joseph celebrent* autant que je saurai et ce ne sera pas trop. Enfin ! me voilà délivré du côté du service militaire ; c'est un argument qui n'en est plus un. *Deo gratias !* Il m'en reste encore deux autres : l'autorité et mes parents.

« L'autorité, jusqu'ici, paraît bien disposée. Je vais voir M. le Supérieur de temps en temps. Je suis très ouvert avec lui et il est pour moi d'une bonté excessive. Il me donne des conseils, m'encourage et me promet son appui, autant qu'il dépendra de lui, pour m'aider à suivre l'appel de Dieu.

Il faudra maintenant attendre notre nouvel archevêque (1).

Mon vénéré Directeur m'a permis d'avertir mes parents. Il m'a recommandé la prudence, surtout à cause de maman et de ma grand'mère. Dès lors, voici à quoi nous nous sommes arrêtés : quand je suis allé à Manciet, le 4 mai, j'ai tout dit à M. le Curé et M. le Curé préparera peu à peu mes parents, jusqu'à ce que je finisse par les avertir définitivement moi-même.

« Vous connaissez M. le Curé de Manciet, le si bon M. Tajan (poignet de fer et cœur de feu, comme le dépeint le P. Marie-Antoine) ; c'est un saint, bien sûr. Il a bien pleuré quand je me suis ouvert à lui ; il m'a dit combien il tenait à moi et à ma pauvre famille. « Ce sera un sacrifice bien dur pour « moi, pour tes bons parents qui t'aiment à la « folie ; mais si le bon Dieu t'appelle, mon ami, il « faut partir, partir le plus tôt possible, demain s'il « le faut !... » Je ne veux pas essayer de vous raconter tout ce qu'il me dit dans cette soirée qui s'est prolongée jusqu'après minuit, mais ce que je puis vous dire, c'est que j'en garderai longtemps le souvenir et que je bénirai toujours le bon Dieu de m'avoir donné un si saint prêtre. Il m'a promis d'avertir mes parents. Il a sur eux beaucoup d'influence et je compte extrêmement sur lui après le

(1) Mgr Balaïn, transféré du siège de Nice à l'archevêché d'Auch (1896).

bon Dieu. Quand je suis revenu à Manciet, ces jours-ci, il m'a renouvelé ses promesses ; il a même déjà commencé son œuvre auprès de ma mère, qui ne se doute cependant de rien ou très vaguement encore. M. Déauze m'a chargé de lui dire d'insister ; il prie beaucoup, et il m'a promis de ne rien tenter qu'après avoir longuement prié. Je ne sais plus rien depuis, mais tous les jours je m'attends à une lettre pleine de reproches de chez nous.

« Il me tarde maintenant de prendre la croix et de marcher ; je la voulais un peu dure et j'ai tout lieu de croire qu'elle le sera ; ce que je désire surtout, c'est de la porter avec amour. C'est ce que je demandais avant-hier à Notre-Dame de Lourdes. Il me semble que j'ai puisé un peu de force auprès de la Grotte bénie. J'ai passé là à peu près toute ma journée ; j'ai eu le temps de m'épancher un peu et j'en sentais le besoin. J'ai confié ma vocation à Marie : je lui ai offert mes parents, en souvenir du *Mulier ecce filius tuus :* il va sans dire que je ne vous ai pas oublié non plus.

« J'ai pu voir une minute le saint P. Marie-Antoine ; il m'a montré le ciel, m'a parlé de croix et de sacrifice ; il me semble que j'ai compris. Mon Père, il me semble que je n'arriverai à vous que par la croix, et voilà pourquoi je la désire, cette croix, tous les jours davantage. J'ai pris depuis longtemps pour devise : *In via recta semper cum Cruce firmus.* Si je suis dans la voie, obtenez-moi par vos bonnes prières... d'être toujours et jusqu'au bout fidèle et ferme dans cette voie, malgré toutes les croix et tous les sacrifices.

« Je ne sais pas pourquoi, mais il me semble que je serai bientôt à vous, comme je le suis déjà de tout cœur. Mon Père, bénissez-moi.

« Votre enfant bien indigne.

« JEAN-MARIE DUFRANÇOIS. »

Jean-Marie pratiqua jusqu'à la mort l'exercice de la *Retraite du mois*. Quelques lignes éparses dans ses notes, nous permettent de croire qu'il commença ce pieux exercice, sinon au collège d'Éauze, du moins dès son entrée au Grand-Séminaire.

Sa retraite de juin 1896 est la première que nous trouvions consignée et détaillée dans un de ses carnets intitulés : *Impressions, Résolutions, Bouquets spirituels*. Le résumé vraiment remarquable des méditations de ce genre occupe les huit premières pages de ce carnet ; il débute ainsi :

T. S. E.   LAUS DEO   S. e F.

V. † J.

IN VIA RECTA SEMPER FIRMUS CUM CRUCE

Retraite du mois de juin (*19 juin 1896.*)

Quatre méditations partagent la journée : *le péché, la luxure, la mort, la pureté.* — Nous regrettons que le cadre de notre travail ne nous permette pas de reproduire ces comptes rendus. Dans la conclusion de chacun d'eux, on voit la préoccupation de Jean-Marie de devenir un homme intérieur, détaché, surnaturel. Mais nous sommes heureux de transcrire en partie l'acte de donnation qui couronna cette fervente retraite et que providentiellement, croyons-nous, nous avons retrouvé parmi ses manuscrits, sur une feuille volante. Voici donc les élans de cette âme qui, le regard fixé sur Dieu, marche courageusement au sacrifice. L'en-tête est le même que celui du compte-rendu.

« Mon très doux Jésus,

« Que je suis heureux..... Vous serez désormais mon Maître et je serai votre esclave. Lisez au fond de mon cœur..... votre esclave ! c'est-à-dire votre chose, votre serviteur le plus indigne, le plus méchant, mais le plus décidé à vous demeurer fidèle *jusqu'à la mort.* Je me donne à vous, ô Jésus, corps et âme, avec tout mon cœur. Ce cœur, oh ! je vous en supplie, prenez-le tout souillé qu'il puisse être... Je vous le donne aujourd'hui pour que vous le crucifiiez, pour que vous le broyiez dans l'épreuve, mais aussi pour que vous le souteniez dans les combats et les crucifiements. La croix, le calice, je les sens déjà sur mes épaules et sur mes lèvres... Oh ! Jésus, merci ! mais je vous en supplie, donnez-moi de souffrir *par amour.* — Donnez-moi d'être fou de la croix ! Donnez-moi le courage de suivre la voie que vous me tracez *in via recta* de la suivre *firmus*, toujours oh! oui toujours.

« O Jésus! en ce jour de donation, encore une prière. Vous m'avez donné un père, une mère, des sœurs, des grands-parents que j'aime tant après vous, Jésus; voyez les larmes de mes yeux et surtout celles de mon cœur : à leur amertume, vous voyez que je les aime plus que moi-même, mais beaucoup moins que vous... Jésus! Jésus! vous voyez l'étendue de mon sacrifice !... Mon cœur est brisé, mais il est tout à vous...

« Jésus, Marie, je vous donne mon père, ma mère et ces chères Aurélie et Berthe... Je vous donne aussi cette bonne grand'mère qui ne pense qu'à moi, qui ne rêve que de moi ! — Ah ! parents bien-aimés, ne m'appelez pas ingrat, parce qu'avant d'être à vous, je suis à mon Dieu ! — Jésus, Marie, Roi et Reine de douleurs, donnez-leur la grâce de faire bien le sacrifice : de le faire avec amour, comme je voudrais le faire moi-même.

« Et maintenant, *tanquam nihilum ante Te*. Je m'abime dans mon indignité, ô mon Dieu ! je me cache dans la croix, pour y vivre et mourir comme Jésus ! Oh ! je sens bien que je dois souffrir puisque je me donne en ce jour à un Maître crucifié !...

« *Deo gratias!*

« C'en est fait et je signe cet engagement.

« JEAN-MARIE DUFRANÇOIS. »

Juin 1896.

« RÉSOLUTION DE RETRAITE : *Je veux vouloir* et obéir malgré tous les sacrifices. »

Aux postulants sérieux, le Provincial envoie un questionnaire qu'ils doivent lui retourner avec les réponses précises à chacune des questions. Jean-Marie crut devoir expliquer celles de ses réponses qui lui paraissaient trop laconiques : il en fit en quelque sorte le commentaire scrupuleux et l'adressa au Père Provincial, le 29 juin 1896.

Nous ne reproduisons que ce qui révèle l'humilité et la générosité de cette âme si ardente à l'œuvre de son avancement spirituel.

« Mon caractère, j'ai essayé de le résumer en quatre mots : gai, vif, expansif, voilà surtout pour l'extérieur ; susceptible, voilà surtout pour l'intérieur.

« Même quand je suis triste, je parais gai et je le suis en réalité en me faisant une petite violence ; *vif, brusque,* je le suis aussi et les mouvements *primo-primus* ne sont pas rares, mais il est bien extraordinaire que je n'en triomphe pas aussitôt et je crois ne jamais porter rancune ; *expansif,* oui encore. Je n'ai pas grand mérite à cela, mais je ne crois pas savoir dissimuler ; j'ai essayé pourtant, mais j'ai si peu réussi que j'en suis complètement dégoûté : on lisait tout de suite sur ma figure ce que je voulais cacher. Par exemple, ce qui me révolte le plus, c'est de voir qu'on dissimule, qu'on n'est pas franc. Souvent je me tais, mais intérieurement je suis blessé et il faut quelquefois des efforts et du temps, pour que je redevienne moi-même avec ceux-là. Voilà pourquoi j'ai mis sur le questionnaire : susceptible, surtout intérieurement. Autrement, il ne m'en coûte pas d'aimer tous mes frères, de leur rendre tous les petits offices que je puis ; je ne crois pas avoir d'ennemi ici, pas plus qu'au Petit-Séminaire.

« Pour les motifs de mon choix de vie, j'ai mis : entraînement irrésistible de la grâce. Je ne pouvais pas mettre mieux pour dire ce que j'éprouve. Ce n'est pas un coup de tête qui me détermine : il y a au moins deux ans que j'étudie ma vocation d'une manière sérieuse. Ce n'est pas non plus une fantaisie, l'orgueil ou la vanité ; oh ! non, car je suis persuadé que le meilleur moyen de fouler aux pieds ces deux péchés capitaux dont je suis pétri et que je veux ruiner à tout prix, c'est bien de prendre l'humiliation et la pauvreté aux yeux du monde, pour m'élever d'autant devant Dieu.

« Je *veux* devenir un saint à tout prix ! il le faut et je le serai, coûte que coûte, avec la sainte grâce de Dieu. Ce ne sont pas non plus des rebuts, des ennuis de Séminaire qui me font désirer de changer de vie ; j'ai tout ce qu'on peut désirer dans un Séminaire pour être vraiment heureux : des Directeurs qui sont pour moi de véritables pères et des amis excellents. Ce ne sont pas, enfin, des rebuts de famille : mes parents m'aiment à la folie, je vous l'ai déjà dit ; ils m'ont toujours, et maintenant plus que jamais, accordé tout ce que je pouvais désirer. Aux yeux du monde, je serai certainement le plus ingrat des fils pour des parents si bons pour moi ;

mais le monde ne sait pas ce qu'il dit ; il ne sait pas que c'est le cœur brisé que j'abandonnerai mes pauvres parents (que j'aime encore plus qu'ils ne m'aiment), pour obéir à mon Dieu qui m'ordonne de toutes manières, et intérieurement et par la bouche du saint Directeur de mon âme, de prendre ma croix et de le suivre.

« Je veux me sauver et je veux sauver d'autres âmes ; c'est ma soif de tous les instants et pour cela je crois fermement, d'une foi humble et confiante, que la voie m'est tracée toute droite et je veux la suivre : voilà le motif de mes désirs et de mes aspirations...

« Je recevrai, le 19 juillet, les Ordres mineurs. Je compte tout spécialement sur vos bonnes prières. A mon tour je vous promets, ainsi que pour vos si bons Novices qui ont si bien prié pour mon conseil de revision, un souvenir tout spécial, mais tout à fait spécial, en ce jour de grâces et de bénédictions. Je suis avec eux de cœur, bien souvent ; je suis souvent aussi à vos pieds et, à cette heure, je m'y jette pour recevoir votre bonne bénédiction.

« Votre enfant bien respectueux et bien obéissant.

« JEAN-MARIE DUFRANÇOIS. »

Des lignes qui précèdent ne pourrait-on pas dire que c'est la psychologie résumée d'un saint ?

A la date du 4 juillet suivant, nouvelle lettre :

« Mes parents ne sont pas encore avertis, mais

voici la dernière décision du si saint M. Déauze : nous allons commencer une neuvaine demain, dimanche 8 juillet, et, au dernier jour de cette neuvaine, M. le Curé de Manciet avertira mes pauvres parents ; il me l'a promis.

« Mon Très Révérend Père, je compte tout à fait sur vos bonnes prières et sur celles de *mes* bons Frères ; j'essaierai plus tard d'être reconnaissant devant le bon Dieu. Quelques amis bien chauds du Grand-Séminaire m'ont promis leur concours...

« Pour moi, je veux me jeter à corps perdu dans cette neuvaine. Neuf jours me séparent encore du Calvaire : qu'il me tarde de prendre la croix et de suivre Jésus ! O mon Dieu ! donnez-moi de faire le sacrifice avec des intentions bien pures ! que ce soit bien pour vous et pour vous seul, ô Jésus !!! que je brise tout ce qui m'est si cher ici-bas, tout ce que j'aime plus que moi-même. La croix ! la croix ! oh ! mon Révérend Père, obtenez-moi de la porter, non pas avec résignation, mais avec amour...

« Je me sens pleurer en écrivant ces lignes : oui ! oui ! Oh ! certainement, c'est mon Dieu seul qui me veut sur la croix et *je veux obéir*.

« Mon Révérend Père, je me jette à vos pieds : donnez-moi votre bonne bénédiction. Je vous écrirai sans tarder une plus longue lettre, mais alors je porterai la croix.

« Votre enfant tout à vous *in Cruce* X^o.

« JEAN-MARIE DUFRANÇOIS. »

Aux termes des Constitutions Apostoliques, les Réguliers ne peuvent être promus aux Ordres sacrés qu'après la Profession solennelle, et la Profession solennelle n'a lieu que trois ans après la Profession simple qui termine l'année canonique et intégrale du Noviciat. Le Père Provincial fit remarquer à Jean-Marie le retard que son entrée au Noviciat allait apporter à sa promotion à la prêtrise. En restant au Séminaire, il serait prêtre dans deux ans, tandis qu'il attendrait encore quatre années, s'il entrait immédiatement en religion. N'y avait-il pas là une raison suffisante de différer son départ, au moins jusqu'après le sous-diaconat? A ces observations Jean-Marie répondit :

« Mon Révérend Père, je vous dois toute ouverture : eh bien, je vous avoue, bien simplement, que ces quatre ou cinq années me pèsent, mais je les accepte sans hésiter et de tout cœur, si le bon Dieu me les donne pour me préparer à la lutte toute pour lui, rien que pour lui, mais rien qu'en lui surtout.

« Le bon Père Carme qui était venu prêcher le Carême à la cathédrale, cette année, m'avait dit à peu près tout ce que vous me dites vous-même ; il me conseillait même de ne pas partir avant d'être sous-diacre. Je le dis à mon Directeur qui répondit : « Vous partirez quand le bon Dieu voudra. » Sa réponse sera toujours la mienne : « Quand le bon Dieu voudra. »

Ces lignes nous disent que Jean-Marie était prêt pour le sacrifice. L'élève du sanctuaire attend impatiemment l'heure où il lui sera donné de gravir les degrés de l'autel et d'immoler, pour la première fois, la Victime trois fois sainte. Ce que nous connaissons déjà des dispositions de Jean-Marie suffit pour nous révéler à quel degré son âme éprouvait cette sainte et légitime impatience. Pendant huit ou dix ans, la prêtrise a été l'objectif de toutes ses aspirations, de tous ses désirs et de toutes ses pensées. Parfois même le temps qui l'en séparait lui paraissait bien long, et tout à coup il se voit mis en demeure d'accepter un ajournement indéfini ! Jean-Marie n'hésite pas ; c'est donc par un sacrifice qui se rapporte directement à Dieu qu'il s'achemine vers celui qui va le séparer de sa famille bien-aimée.

Jean-Marie allait quitter le Grand-Séminaire, dans lequel venaient de s'écouler trois années véritablement fructueuses pour son âme et pour son apostolique avenir. De même que le collège d'Éauze, cette sainte maison aura toujours dans son souvenir une place à part. Pendant son Noviciat, il apprit que plusieurs de ses condisciples allaient participer à une grande ordination. Il écrivait le 3 avril 1897 dans son *Petit jardin de Novice* :

« Jésus, vous le savez, à cette heure même, dans ce Grand-Séminaire d'Auch que j'ai tant aimé et que j'aime plus que jamais encore, il se passe des choses bien grandes que le ciel seul peut comprendre ! J'ai là de véritables frères qui se donnent aujourd'hui à vous par un Vœu définitif : *in æternum !* Jésus ! Jésus ! je sais que votre miséricorde est infinie, je sais que vous faites des miracles pour ceux qui vous aiment, pour soutenir leur faiblesse et les fortifier contre tous les périls ; mais je sais aussi que pour se donner à vous il faut être aussi pur et plus pur même que les anges ; je sais aussi que, pauvres comme nous le sommes sur cette terre, nous tombons à chaque pas ! O Jésus, voilà pourquoi je sens le besoin, et mon cœur vous dira mieux que je ne l'exprime, ce sentiment bien intime qui me presse : je sens le besoin, dis-je, de venir vous supplier à deux genoux, en répandant des larmes, d'avoir pitié de tous ces chers amis ! Purifiez-les, Jésus, de votre sang divin qui fait germer les vierges ! faites-les dignes de vous ! Jésus ! Jésus ! Écoutez ma pauvre prière ! *Amen.* »

Comme on le voit, dans la solitude du Noviciat, il continuait, par la prière, l'apostolat qu'il avait commencé au Grand-Séminaire par la parole, et les souvenirs qu'il avait emportés de cette maison bénie lui devenaient de plus en plus chers.

Jean-Marie Dufrançois devança de quelques mois Jean-Marie Gautié au Noviciat. A la date du 3 avril 1897, il écrivait dans son carnet intitulé par lui : *Mon Petit Jardin de Novice.*

« Mon bien-aimé Jésus, j'ai encore une grâce

bien grande à vous demander, et si la sainte Communion a mis dans mon âme quelque mérite, je vous supplie de l'appliquer un peu à cette cause! Tout à l'heure, l'abbé Gautié, ce si cher ami qui sera bientôt notre frère, aura à subir une bien terrible épreuve : le conseil de revision! Je le jette dans votre Cœur, ce bien cher, pour que vous le conserviez pur au milieu de tous les dangers..... Saint Joseph, soyez mon avocat auprès de Jésus! *Amen.* »

L'abbé Jean-Marie Gautié, devenu le P. Louis, ayant appris la mort de son ancien condisciple, écrivait quelques heures après, au P. Othon, une lettre dans laquelle il donne sur son compte des renseignements bien édifiants ; nous reproduisons ceux qui se rapportent à son temps de Grand-Séminaire.

J. M. ✝ S. F.

« Ian-Kia-Kouang-Tchouang, le 8 juin 1904. »

« Vive Jésus !

« Mon Très Révérend et bien-aimé Père,

« Le courrier de Tsing-Tcheou-Fou m'apporte la triste nouvelle de la mort du cher P. Apollinaire. J'ai été douloureusement surpris par cette nouvelle si imprévue. Je perds en lui un compatriote bien-aimé et le modèle de toutes les vertus.

« Au Grand-Séminaire, je n'avais cessé d'admirer sa régularité et sa fidélité à la Règle, son application au travail, sa piété et son esprit de prosélytisme. Je me souviendrai toujours de ses bonnes causeries dans les longs corridors du Séminaire ou dans les grandes allées de Beaulieu; c'est alors surtout qu'il m'a été donné d'entrevoir cette âme d'apôtre, son ardent amour pour Jésus-Christ, sa tendre dévotion à la sainte Vierge, à saint Joseph, à saint François, aux âmes du Purgatoire. Il parlait souvent des Missions. Souffrir et mourir pour la conversion des infidèles était son désir le plus ardent...

« Fr. Louis, O. F. M. »

Lorsqu'arrivé dans les Missions, l'ancien Séminariste d'Auch se vit chargé par son évêque de la direction du Séminaire indigène, il tourna ses regards vers la sainte maison qu'il avait habitée pendant trois ans et voulut, dans sa modeste sphère d'action, en reproduire la belle organisation dans son ensemble. Il écrivit donc à M. l'abbé Salles :

Tché-fou, Séminaire de Saint-Louis d'Anjou,
1er novembre 1902.

Bien cher Frère,

... « Nous nous sommes organisés peu à peu. Mais la grande difficulté est encore, a été au commencement surtout, la langue !... Heureusement que le bon Dieu a tout fait et m'a donné la santé suffisante

(quoique peu brillante!) et la volonté de surmon-
ter l'obstacle ; il a fallu cuire son pain péniblement :
des instructions en chinois... pas commode ! et cependant il en faut, pour les petits séminaristes et
pour les grands... avec ces derniers, je m'en tire en
gascon, je leur sers des instructions en latin et une
instruction seulement tous les dimanches en chinois... Notre cher patois gascon et même... notre
beau français ne sont pas de mise ici : *Quin mal-
hur* (1) ! Quoi qu'il en soit, comme je bénis le bon
Dieu de m'avoir fait passer par le Petit-Séminaire,
le Grand-Séminaire et le Collège Séraphique de
Bordeaux... comme les observations que j'y ai faites
me sont utiles maintenant. Après les troubles de
l'année des Boxeurs, où tout a été désorganisé pour
nos Séminaires, Monseigneur a désiré une organisation nouvelle. Il a fallu tout faire depuis l'horaire,
l'organisation des études et le règlement... Grâce
à Dieu, tout est à peu près fini à ce sujet, sauf le
règlement qui est cependant en bonne voie.

Comme je vous serais reconnaissant, bien cher
frère, si vous pouviez me faire parvenir l'horaire du
Grand-Séminaire (notre bien-aimé Grand-Séminaire !...) avec la distribution des matières ensei-
gnées, surtout en ce qui concerne la théologie et la
philosophie : un petit peu l'organisation des études.
Si vous pouviez joindre à ceci l'ordre des exerci-
ses pour les retraites de fin ou de commencement

(1) Quel malheur !

d'année, et les retraites mensuelles, ce serait plus que parfait. J'ajoute, que si vous prévoyez, avec votre expérience, que quelqu'autre chose pourrait m'être utile dans cet ordre d'idées : organisation, études, direction... j'ose compter sur votre bonne affection. Pour la direction surtout, je n'ai à peu près rien ici. Il est vrai que la théologie est le meilleur livre à ce sujet : j'ai encore une assez bonne quantité de notes, recueillies depuis mon Grand-Séminaire, mais si vous connaissez un bon livre traitant de ces matières et quelque bonne âme disposée à faire une bonne œuvre, n'oubliez pas le pauvre mendiant du fond du monde !... Pardon, bien cher frère, de m'adresser à vous avec tant de simplicité ; si je suis indiscret, traitez-moi comme tel, sans vous gêner...

« Priez pour votre pauvre frère et pour son œuvre ; recommandez-moi aux prières de votre chère famille de Lourdes, ainsi qu'à celles des chers Messieurs du Grand-Séminaire que je n'oublie pas près du bon Dieu ; tous les jours, je nomme le Grand-Séminaire d'Auch au Memento des vivants. — A tous et à chacun de ces Messieurs, depuis M. le Supérieur, respect et filiale affection.

« Pour vous, je vous embrasse dans les Sacrés Cœurs de Jésus et de Marie.

« Fr. Apollinaire, O. F. M. »

La neuvaine dont nous parlons plus haut était terminée. Le 23 juillet, Jean-Marie en rendait compte en ces termes au Père Provincial :

« Quand M. le Curé reçut ma lettre du 4 juillet, le priant de se mettre en neuvaine et d'avertir mes pauvres parents, il eut le dimanche, à Vêpres, une idée subite et sûrement du bon Dieu. Si je faisais prier la paroisse ? Et alors, en quelques mots, il pria ses paroissiens de s'unir à nous. « Le bon Dieu, « ajouta-il, dans les grandes calamités publiques, « se choisit des âmes de sacrifice, qui s'immolent « pour fléchir sa miséricorde... nous aurons peut-« être, dans cette paroisse, une âme de ce genre ; « prions le bon Dieu pour l'en remercier et le sup-« plier de bénir les larmes qui seront versées. » « Ces paroles ont fait une impression profonde et on les a commentées à l'infini. C'est une telle ou une telle, disait-on, qui se fait Carmélite... une telle ou une telle qui s'en va dans tel Ordre religieux, etc.,

« Personne n'a deviné vrai, si ce n'est une femme et cette femme... c'était ma pauvre mère ! Le soir, elle a l'occasion d'aller chez M. le Curé et sans plus de cérémonies : « Monsieur le Curé, lui dit-« elle, je ne m'y suis pas trompée, il s'agissait, ce « soir, de Jean-Marie. Vos paroles d'il y a quelques « mois, des prières pressantes qu'il nous demandait « dans sa dernière lettre, tout enfin ! tout me dit « que c'est de lui que vous avez parlé ! — Oui, lui « répondit M. le Curé, c'est bien de lui ; » et en quelques mots, il lui trace les devoirs d'une mère chrétienne devant une telle épreuve.

« Ma mère se retira plus calme et en promettant une discrétion absolue. Quelques jours après, se trouvant seule aux champs avec mon père, ne pouvant plus y tenir, elle lui confia tout ; mon père est terrassé et ne sait plus que pleurer...

« Père ! Père ! je l'écrivais à M. Déauze, voilà bien des larmes que j'avais rêvées une nuit, qui m'avaient laissé bien triste ! C'est une épine, mais je sais trop que ce n'est qu'avec une couronne formée de ces épines que j'arriverai à vous ! *Deo gratias !*

« Le surlendemain, ma mère revint au presbytère, mais cette fois le cœur bien plein. « Mon- « sieur le Curé, s'écria-t-elle, c'est de l'ingratitude ! « nous avons tout fait pour cet enfant... et main- « tenant il nous quitte, il nous laisse : c'est un « ingrat ! » et elle pleurait à chaudes larmes. M. le Curé la calma peu à peu ; lui rappela ses devoirs de mère chrétienne, lui dit l'honneur que le bon Dieu faisait à notre famille, et les pensées surnaturelles avec lesquelles il fallait apprécier l'avenir d'un fils prêtre. Maman fit encore quelques objections : je ne vous les énumère pas, mais vous devinez bien de quoi il s'agissait, en songeant au cœur d'une mère qui parle, après mille projets d'avenir heureux et, il faut le dire, quelque peu légitimes ! M. le Curé répondit à tout avec calme et ma mère se retira un peu consolée.

« Mais ma grand'mère est venue encore aggraver la situation en disant à mes parents que c'était fini et que je me disposais à partir pour les missions. Cette pensée tourne la tête de mes pauvres parents !

« Vous devinez, dès lors, l'accueil que j'ai reçu mardi, en arrivant en vacances. Pas d'orage, mais la tristesse sur tous les fronts ! mon père surtout est bien triste ! il ne me dit rien et, quand je l'interroge, il fait des efforts pour me répondre comme autrefois. Maman est bien émue aussi, quoiqu'elle se fasse violence. Je lis dans ses yeux ce qu'elle éprouve de tristesse ; mais pas la moindre allusion n'a été faite encore...

« Mon Père, oui, oui, je sens bien que j'ai pris la croix : je la trouve déjà sur mes épaules et surtout dans le cœur ! mais cependant je me sens le cœur calme et sans effroi. Avec la grâce de Dieu j'arriverai jusqu'au bout. *In via recta semper cum Cruce firmus*, vous connaissez ma devise...

« Votre enfant le plus indigne mais le plus affectueusement dévoué et obéissant.

« JEAN-MARIE D. »

« *P. S.* — J'ajoute un mot : le jour de la sortie, je vis très longuement M. le Supérieur et je m'ouvris à lui complètement ; il pleurait d'émotion en m'écoutant... Il m'a promis de faire presque l'impossible auprès de Monseigneur ; il m'a dit même qu'il lui écrirait avant son arrivée pour lui parler de ma vocation. »

Jean-Marie faisait les premiers pas dans la voie du sacrifice ; mais dès la première heure il y marchait résolument. Voici le tableau de la première quinzaine de ses vacances qu'il adresse au Père

Provincial, afin de le tenir exactement au courant de sa situation :

Manciet, 7 août 1896.

Mon Père,

… « Tout n'est plus pour moi qu'une couronne douloureuse dont les épines percent, à chaque instant, mon cœur.

« Vous n'imaginez pas les efforts désespérés de tendresse inouïe de mes pauvres parents. Je ne sais, mais j'ai la persuasion qu'ils ont formé le projet de me détourner de la *voie*, non pas par les rebuts, comme je m'y attendais, mais par un excès de bonté, de douceur. Le bon Dieu sait, mille fois mieux que moi, ce qu'il me faut et, dès lors, je bénis sa Providence ; mais je ne vous le cache pas, mon cœur souffrirait moins de la persécution déclarée que de cette tactique de tous les instants qui apparaît dans tous les actes… Plus j'avance et plus je me sens meurtri et plus aussi je me sens de force pour le sacrifice. Je me connais trop pour me faire illusion sur mon courage et sur la force de ma volonté ; je sais trop combien je suis misérable pour être présomptueux, voilà pourquoi je comprends que mon unique ressource c'est la prière, la mortification et les épines qui m'arrivent tous les jours. Oui, oui, je dois bénir le bon Dieu des grâces dont il me comble sans mesure ; l'épreuve me fortifie tous les jours et, aujourd'hui, j'ai promis d'une manière solennelle et plus que jamais, de suivre l'appel de Dieu jusqu'au bout, malgré tous les déchirements et tous les sacrifices. Tout à l'heure, au chemin de la Croix, j'ai pleuré et je me suis demandé si j'aurais le courage du sacrifice définitif ; eh bien, avec la grâce de mon Dieu, le sacrifice que j'ai déjà fait dans le cœur, il me semble que je suis disposé à le faire définitivement demain, si mon Directeur me disait de le faire ; je le ferais sans hésiter et jusqu'au bout. Mon Père, sans vouloir tenter Dieu, pourquoi demain n'est-ce pas le jour béni après lequel je soupire maintenant ?...

« Il n'y a pas de doute : je ne serai pas prêtre séculier, je serai fils de saint François et je le serai bientôt, parce que l'appel est irrésistible ; parce que le bon Dieu me veut malgré mon indignité. Je le serai bientôt, parce que Monseigneur arrivera bientôt et il me laissera partir. »

Entre temps, M. Déauze avait donné son assentiment pour le départ immédiat de Jean-Marie, le subordonnant cependant à celui de Monseigneur l'Archevêque. La décision de ce Directeur, si calme, si réfléchi, nous explique les saintes impatiences qui se traduisent dans la lettre précédente. M. Déauze voyait une vraie vocation dans le jeune Dufrançois et, par conséquent, la manifestation de la volonté de Dieu : il ne crut pas devoir en différer l'accomplissement. M. le Supérieur du Grand-Séminaire partageait pleinement sa manière de voir ; il écrivait à Jean-Marie le 26 août 1896 :

Mon cher Enfant,

« Aussitôt que la chose m'est possible, mais bien tard au gré de mes désirs, je réponds à votre bonne lettre. — Elle m'a causé, cher Ami, une grande et profonde joie pour tout ce qu'elle m'apprenait et me montrait. Elle m'apprenait les merveilles de la grâce dans l'âme de vos chers parents, le progrès vraiment consolant que fait en eux la pensée — accablante encore, mais près d'être acceptée — de votre départ. Votre lettre me montrait en même temps les sentiments qui vous animent, votre générosité, votre ferme volonté d'accomplir en entier la sainte volonté de Dieu, même au prix des déchirements du cœur et de l'accablement de l'âme... Comment ne pas rendre grâces à Dieu ! Comment ne pas se réjouir de voir ainsi la gloire de Dieu mise avant tout dans vos désirs et dans vos aspirations ! Oh ! oui, mon bien cher Enfant, je remercie bien Notre-Seigneur du fond de l'âme pour cet honneur qu'il vous fait de vous appeler à lui dans la vie parfaite, et j'estime bien heureuse et bien digne d'envie la part qui vous est ainsi faite. Que le bon Dieu vous continue ses grâces vraiment surabondantes ; qu'il sauve en votre âme, de toute défaillance, le courage robuste qu'il y a mis... Qu'à toute heure, à tout moment, il vous inspire et vous conduise comme il fait pour les âmes vraiment dociles et qui ne cherchent que lui... C'est là mon vœu sincère et ce sera aussi le but de ma prière.

« Tout mon meilleur vouloir et tout mon meilleur concours vous sont absolument assurés. Monseigneur fera son entrée solennelle à Auch, samedi, 2 septembre. Je vous renouvelle formellement la promesse, cher Ami, de soumettre à Sa Grandeur vos désirs et votre demande dès les premiers jours de son arrivée à Auch.

« Une grande joie pour mon cœur est dans la pensée du concours si sacerdotal, si plein de dévouement aussi, que vous a prêté M. le Curé. Que le bon Dieu l'en récompense et le bénisse, comme il le mérite. Les saintes âmes ne demeurent jamais au-dessous de ce que la Providence attend d'elles...

« ... Priez aussi, cher Enfant, je vous le demande instamment, pour toutes mes nécessités et pour toutes mes intentions. Vous ferez ainsi une œuvre véritable, œuvre de charité dont je vous serai reconnaissant et qui accroîtrait, si la chose était possible, mon affection et ma tendresse pour vous.

« Adieu, cher Ami, je vous embrasse et vous bénis de tout cœur.

« EUG. SEMBRÈS, Sup. »

En communiquant cette lettre au P. Othon, Jean-Marie lui écrivait :

« Manciet, 27 août 1896.

MON TRÈS RÉVÉREND PÈRE,

« Je suis heureux de joindre ce billet à la lettre de M. le Supérieur du Grand-Séminaire. Je vous

6

assure, mon bon Père, que c'est une consolation
pour moi de m'être ouvert à lui comme je l'ai fait...
J'ai reçu aussi un petit mot du cher M. Déauze qui
vient d'être très malade. Je dois tout à ce bon Père,
après le bon Dieu qui m'appelle depuis si longtemps !
Il me veut chez vous depuis ma Quatrième au Petit-
Séminaire ; il me veut surtout, je l'entends bien, je
le sens, depuis mon entrée au Grand-Séminaire :
et, lorsque j'enchaîne les circonstances de mon
existence, depuis ma Quatrième jusqu'à ce jour,
vraiment je suis confondu de tant de grâces reçues
et je ne vous cache pas que je tremble d'avoir
abusé de tant de bienfaits !

« Il s'agit, dans ces derniers jours qui me restent,
de prendre ma volonté et mon cœur à deux mains
et de faire le sacrifice, comme vous me le disiez
dans une de vos bonnes lettres, *corde magno et
animo volenti*. Au contact de l'épreuve et des petits
sacrifices de chaque jour, je sens bien que mon
âme s'est trempée un peu, mais il y a encore des
fibres qu'il faut briser, et ce brisement, je sens bien
qu'il ne se fera pas sans secousses. Le sacrifice ne
m'effraie plus, mais je le redoute, quoique la grâce
de Dieu soit là pour me soutenir, je le sais.

« Mes pauvres parents ne sont pas loin non plus
du *Fiat* qui me donnera à Dieu. L'heure venue,
M. le Curé le croit et je le crois avec lui, ils se
soumettront, je ne dis pas avec amour, mais avec
résignation. Ils sont préparés peu à peu à l'épreuve
par ce si bon Pasteur. Ma mère surtout m'étonne.

Je la crois résignée, elle qui me semblait la plus redoutable. Véritablement le doigt du bon Dieu est là, et c'est véritablement providentiel de voir comme tous les obstacles tombent.

« Il ne me reste plus que Monseigneur, mais j'ai la plus entière confiance dans le concours de M. le Supérieur. Pendant ces quelques jours, je compte absolument sur vos bonnes prières et sur celles de mes bons Frères que j'aime bien déjà. Aussitôt la réponse donnée par Monseigneur, M. le Curé (et je le désire aussi de toute mon âme) veut que je parte.

« Je vous prie de me dire un peu ce que vous pensez de tout cela. — Je suis plus que jamais, mon trop bon Père, votre fils le plus indigne, mais le plus affectueusement respectueux et obéissant *in Cruce Christi*.

« JEAN-MARIE DUFRANÇOIS. »

A cette dernière demande, le Provincial répondit ce qu'il répondait toujours en pareille circonstance : En droit, l'Évêque ne peut empêcher aucun de ses sujets (prêtre, clerc ou laïc) d'entrer dans un Ordre régulier ; son consentement n'est pas requis, et il est obligé de fournir sur leur compte les lettres testimoniales au Prélat régulier de l'Ordre dans lequel ils veulent entrer. Mais, en règle générale, il convient d'attendre le consentement de l'Évêque.

Avant son élévation à l'épiscopat, le nouvel archevêque d'Auch était lui-même religieux de la jeune

mais bien fervente Congrégation des Oblats de
Marie. Lui aussi quitta un jour le Grand-Séminaire
pour entrer dans cette famille religieuse : il comprenait donc une vocation qui avait bien des
ressemblances avec la sienne. Aussi ne fit-il aucune
opposition à la demande de M. le chanoine Sembrés.
Sa Grandeur donna son consentement au départ de
Jean-Marie le 6 septembre, et le lendemain, M. Sembrés le transmettait à l'intéressé. La lettre arrivait
à Manciet le 8, en la fête de la Nativité de la sainte
Vierge.

Jean-Marie se trouvait en pèlerinage à Notre-
Dame de Tonneteau, l'un des plus anciens sanctuaires d'Armagnac dédiés à la Reine du ciel et,
depuis des siècles, l'objet d'une dévotion particulière de la part des populations du pays. Se sentant
à la veille de la grande épreuve, le jeune Séminariste était venu se recommander à celle que l'on
invoque sous le titre de *Secours des chrétiens* et
surtout *Consolatrice des affligés*. Il pensait, en effet,
à ses bons parents et il redoutait beaucoup plus
pour eux que pour lui l'heure de la séparation. Or,
le soir, en rentrant à la maison paternelle, cette
heure sonnait.

Dès le lendemain matin, il écrivait au P. Othon.

« Comme il est plein le calice ! Oh ! Père, Père !...
Depuis hier soir je le vide à longs traits... Mon
pauvre cœur est brisé, broyé, anéanti ! Oh ! c'est
pour Dieu ! Oui, oui, c'est pour Dieu ; il faut bien

que ce soit pour lui seul, car Père, quel calice !...
Mon Dieu, ayez pitié de moi ! *Fiat ! Fiat !*

« Hier, 8 septembre, j'étais auprès de Notre-Dame
de Tonneteau ; comme j'ai prié ! Mais, mon Dieu,
pouvais-je deviner ce qui m'attendait ! Le *fiat* de
Monseigneur était arrivé. Pauvres parents ! Pauvre
papa ! Pauvre maman ! Oh ! quel coup de foudre !
M. le Curé était déjà venu deux fois et, quand j'arrivai, ce fut une explosion de larmes ! Ils pleuraient
tous, mais si tristement ! Je les embrassai tous :
tous m'ont béni ! Oh ! Père, je ne puis plus continuer, je vous raconterai tout plus tard.

« Nous partons ce soir même, 9 septembre, pour
Pau où nous arriverons demain dans la soirée.
M. le Curé m'accompagne. *Consummatum est !*

« Je suis tout à fait à vous. Disposez de tout
mon être et priez. Oh ! priez pour moi !

« Votre enfant crucifié, mais résigné sous le
décret divin. *Fiat ! Fiat !*

« JEAN-MARIE. »

Le dernier jour fut, en effet, le jour du crucifie-
ment. Jean-Marie en envoya l'émouvant récit au
Père Provincial et le consigna fidèlement dans ses
notes privées : il est là sous nos yeux. En le lisant,
on ne peut se défendre d'une émotion quelque peu
analogue à celle que l'on éprouve en lisant certaines
pages des Actes des Martyrs.

T. S. E.   V. ✝ J.   S. e. F.

« Le Calice, » 8 et 9 septembre 1896.

« Mon Dieu ! je l'ai bu jusqu'à la lie ce calice d'amertume que j'appelais depuis si longtemps en silence... Aurait-il fallu, comme sainte Jeanne de Chantal, enjamber les corps de mes pauvres parents, que j'aime cependant à la folie, après mon Dieu, il me semble que je l'aurais fait pour suivre la voie par où me veut conduire Jésus !

« Jour de mon départ pour le monastère, non, non, je ne t'oublierai jamais ! Je n'oublierai jamais ce si bon père, inondé de larmes, me suppliant de rester pour soutenir sa vieillesse, m'appelant ingrat et, désespéré, tombant sur mon lit pour pleurer plus à son aise ; et moi le relevant, lui parlant du ciel et lui faisant baiser un crucifix ; me jetant à ses pieds, le suppliant de me bénir ; le prenant entre mes bras et lui redisant mille fois que je l'aimais à la folie.

« Oh ! mon Dieu, c'était vous qui me souteniez...

« Je n'oublierai jamais ma mère, cette si chère maman, blessée dans ses entrailles de mère comme par un fer rouge et cependant, dans sa foi de mère chrétienne, contenant sa douleur pour reprocher à mon père la sienne ! J'avais si peur de ma mère, si impressionnable, qui me disait un jour en sanglotant : « Tiens, je préférerais te voir mort que de te « voir partir ainsi ! » Eh bien, cette maman, en quel-

ques jours, est devenue capable de tous les héroïs-
mes ! Elle a pleuré beaucoup, mais elle m'a accompagné jusqu'au bout, jusqu'au sommet du Calvaire.
Elle était à la gare pour m'embrasser encore et me
dire le dernier *A Dieu !*

« Oh ! Jésus ! merci de m'avoir donné une telle
mère ! Mère, je t'aimerai toujours, et plus que
jamais en Jésus et pour Jésus !

« Je n'oublierai jamais Aurélie, cette chère sœur
qui a tant pleuré et qui me disait, navrée de douleur : « Oh ! Jean-Marie, pourquoi pars-tu ? »

« Je n'oublierai jamais cette si chère petite Berthe, pauvre petit ange, envoyé tout exprès par le
bon Dieu, afin de consoler mes pauvres parents !
Le jour de mon départ, on aurait dit qu'elle devi-
nait tout. Enlaçant mon cou avec ses petits bras,
elle me répétait : « Pauvre parrain ! Pauvre par-
« rain ! »

« Enfin, je n'oublierai jamais cette si chère
grand'mère. Quel brisement ! Quelle douleur désespérée ! Elle était folle. Elle m'a béni cependant
avant mon départ.

« Oh ! mon Dieu, merci de m'avoir soutenu dans
ces luttes du cœur, mille fois plus cruelles que
toutes les luttes de la terre... Vous m'êtes témoin
que c'est pour vous que j'ai fait le plus douloureux
des sacrifices ; car si les hommes m'avaient demandé pareille chose, je serais mille fois mort plutôt
que de briser tant de cœurs que j'aime, après vous,
par-dessus tout... Mon Dieu, pitié pour un miséra-

ble que je suis ! Pitié pour mes pauvres parents !
Ils sont héroïques. Oh ! mon Dieu, protégez-les, je
vous les donne ! »

A l'heure du départ, M. l'abbé Salles avait montré auprès de la famille Dufrançois, l'empressement
d'un fils et la tendresse d'un frère ; son attachement pour Jean Marie et ses paroles, si profondément sacerdotales, furent comme un baume conso-
lateur répandu sur tous ces cœurs brisés par les
déchirements de la séparation. Jean-Marie ne l'oubliait pas. Trois mois après il lui écrivait :

Pau, du couvent de Saint-François, 16 décembre 1896.

« Bien cher Monsieur l'Abbé,

..... « Merci pour ces pauvres parents à qui vos
attentions font sûrement un grand plaisir ; je vous
supplie de les continuer. Je vous promets d'être
reconnaissant autant que possible, dans mes misérables prières. Pauvres parents ! ils ont tant besoin
de consolation ! et ce n'est pas une petite croix pour
mon cœur de les savoir tristes et affligés. Vous savez
ce que sont ces affections pour un père et une mère,
des sœurs chéries, une famille si bonne, dans un
fils tendrement affectueux... Encore une fois merci !

« Sûrement que je vous traite en frère près du
bon Dieu ; je prie pour vous comme pour un frère.
Oh ! si vous pouviez me traiter ainsi dans vos bonnes prières ! J'ai tout lieu de l'espérer, à cause de

l'affection que vous m'avez témoignée tant de fois, mais surtout au jour de mon départ pour le monastère ! Non, non, je ne l'oublierai jamais, ce jour à jamais mémorable du 9 septembre ! Vous savez combien il fut pour moi un jour de brisement indicible. Plaise à Dieu qu'il ait été méritoire pour le ciel ! »

M. Salles s'empressa de répondre que désormais ils se donneraient réciproquement le nom de *frère*. Nés sous le même ciel, baptisés dans la même église, appelés au service des autels, dirigés par le même père (M. Déauze), anciens d'Éauze et d'Auch, que de raisons qui établissaient déjà entre leurs âmes, les liens d'une vraie et sainte fraternité ! M. Salles avait trente-cinq ans, Jean-Marie était dans sa vingt-troisième année. Ce fut chose réglée : dès ce moment dans leurs lettres, les deux enfants de Manciet ne s'appelleront plus que du doux nom de *frère*.

Les pages qui précèdent ont fait connaître Jean-Marie : elles disent combien il aimait ses parents et aussi combien il était digne de leur tendresse ; elles démontrent, par conséquent, combien était justifiée leur grande douleur. Mais Jean-Marie s'envolait aux saintes joies du cloître et, comme pour tout religieux fervent, le cloître allait devenir pour lui comme le vestibule du ciel, tandis que ses parents demeuraient en face de la douloureuse réalité,

de sa place vide au foyer de famille et... pour toujours. L'expression de Jean-Marie ne nous paraît
pas exagérée : Dans leur immense douleur, ils furent héroïques. Le jour du 9 septembre fut l'un de
ceux qui, dans les épreuves de la vie chrétienne,
valent devant Dieu des *années éternelles*.

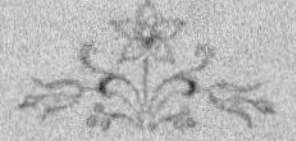

III. — LE FRÈRE MINEUR

En 1896, les Frères Mineurs possédaient en France cinq Provinces.

I. LA PROVINCE DE SAINT-BERNARDIN (Provence et Bourgogne) avec les couvents d'Avignon, de Châlon-sur-Saône, de Mâcon, de Monaco, de Marseille, de Nice-Cimiez, de Nice, de Nîmes et de Saorge.

II. LA PROVINCE DE CORSE avec les couvents de Bastia, d'Alesani, de l'Isle-Rousse, de Lavasina, d'Oletta, de Marcasso, de Calacuccia-Niolo, de Pino et de Sartène.

III. LA PROVINCE D'AQUITAINE (Saint-Louis d'Anjou) avec les couvents de Bordeaux, de Béziers, de Bourges, de Brive, du Puy-en-Velay, de Limoges, de Pau, de Saint-Palais et de Bordeaux-Collège.

IV. LA PROVINCE DE SAINT-DENYS (Bretagne et Normandie) avec les couvents de Paris (rue de

Puteaux), Caen, Saint-Nazaire, Rennes, Nantes, Rouen, Le Hâvre, Caen-Collège et d'Ewel, en Angleterre.

IV. LA PROVINCE DE FRANCE (Ile de France, Flandre et Picardie) avec les couvents de Paris (rue des Fourneaux), d'Amiens, d'Épinal, de Lille, d'Orléans, de Roubaix, de Saint-Brieuc, de Montréal, en Canada, de Clevedon, d'Ascot et de Woodford, en Angleterre.

La Province d'Aquitaine avait son noviciat à Pau, au diocèse de Bayonne. C'est là que Jean-Marie Dufrançois revêtit la bure franciscaine, le 16 septembre 1896. Connaissant ses secrètes aspirations pour l'apostolat parmi les infidèles, le P. Othon lui donna pour patron le bienheureux Apollinaire Franco, missionnaire franciscain, martyrisé au Japon, en 1622, avec dix-huit autres Franciscains, béatifiés par Pie IX, en 1867 (1).

Jean-Marie eut pour maître de noviciat le P. Célestin-Marie Sant, de Béziers qui, après quinze ans d'un ministère laborieux et fécond, exercé dans nos couvents d'Angleterre, venait de rentrer dans sa Province. Homme d'expérience et de prière, jugement droit, esprit organisateur et plein d'activité,

---

(1) Voir l'admirable récit de ce martyre dans *l'Auréole Séraphique*, par le T. R. P. LÉON, ex-Provincial des Franciscains, 3me édit. T. III, V. 12 septembre. *B. Apollinaire et ses Compagnons.* — Paris, Bloud et Barral.

ce Religieux avait été élevé à la charge de Custode (1) par le dernier Chapitre provincial, célébré au couvent de Saint-Antoine, à Brive-de-Corrèze. Dès la première heure, le P. Célestin lut dans l'âme de Fr. Apollinaire comme dans un grand livre ouvert ; cette âme lui offrit immédiatement toutes les facilités de la plus consolante direction, et le novice, de son côté, remerciait le Seigneur de lui faire retrouver dans le Père Maître la bonté, la prudence, l'esprit pondéré de M. Déauze, son vénéré Directeur du Grand-Séminaire. Nous avons rapporté dans le premier chapitre que Jean-Marie considérait le collège d'Éauze comme son premier couvent ; il y avait véritablement commencé son noviciat en s'appliquant résolument à se corriger de ce qu'il voyait en lui de défauts ; ce noviciat il l'avait continué au Grand-Séminaire, il le perfectionna et le termina sous la sage direction du P. Célestin. Bien disposé et largement étoffé pour recevoir une formation religieuse, le Fr. Apollinaire fut entre les mains de son Maître de noviciat comme une cire molle, mettant toujours la plus grande générosité à suivre les conseils qui lui étaient donnés.

De la lettre écrite à M. Salles le 16 décembre et citée plus haut, nous extrayons encore ces impressions de la première période du noviciat :

(1) Le Custode est, dans le Définitoire ou conseil de la Province, le premier assistant du Provincial, et, à défaut du Provincial, représente de droit la Province au Chapitre général de l'Ordre.

« Le bon Dieu est admirable dans ses miséricordes, car il me fait éprouver ici des joies que je n'aurais jamais soupçonnées, des joies qu'on a peine à concevoir et qu'on éprouve sans pouvoir les comprendre et surtout les exprimer... Notre vie est une vie de prière, de travail, loin du monde dont nous ignorons absolument les nouvelles. Vie admirable passée tout entière devant Dieu, uniquement employée à dépouiller le vieil homme, pour revêtir l'homme nouveau qui sera, avec la grâce de Dieu, le religieux, plus tard.

« Recommandez-moi à ceux qui me seront chers devant Dieu, tant que je vivrai. Dites à M. l'abbé Lisle que je suis tout sien encore et toujours... Je n'oublierai jamais mon premier directeur et de mon âme et de la Congrégation bénie à qui je dois tant.

« C'est pour témoigner ma reconnaissance à ma Mère du ciel que j'ai pris la résolution de mettre toujours sa devise en tête de toutes mes lettres ; Je crois n'y avoir jamais manqué encore et j'espère y être fidèle jusqu'à la fin de ma vie.

« Ne m'oubliez pas non plus auprès du si cher M. Bourgeac ; je sais combien je lui dois de reconnaissance et d'affection. Il doit être étonné de mon silence, mais, comme je le dis à M. le Curé, j'écris le moins possible. Je voudrais, voyez-vous, me livrer tout entier au travail de formation si précieux dont dépend toute ma vie religieuse. Je me dédommage d'ailleurs, en retrouvant devant le très saint

Sacrement tant de bienfaiteurs et d'amis qui me sont si chers.

« Pour vous, bien cher Monsieur l'Abbé, laissez-moi vous dire encore ma reconnaissance et mon plus affectueux respect.

« Tout à vous *in Cruce* et *sancto Francisco*,

« Fr. Apollinaire. »

Nous avons sous les yeux son journal intime, commencé par ordre du Père Maître, le 5 décembre 1896, et intitulé (nous en avons déjà parlé), *Mon Petit Jardin de novice*; il se termina avec l'année canonique du noviciat, le 20 septembre 1897. Étant données les limites restreintes de cette biographie, nous ne pouvons reproduire ces pages si pieuses ; nous dirons simplement qu'elles sont les élans d'une âme toute séraphique, uniquement préoccupée de se rapprocher de Dieu et de s'éloigner d'elle-même. Aussi, la note de la reconnaissance domine-t-elle lorsque son regard se porte vers le divin Maître, tandis que celle de l'humilité se manifeste toutes les fois que, selon la parole de saint Bernard et de saint Bonaventure, son regard approfondit ce qu'il y a en elle-même de défauts.

Nous ne croyons pas pouvoir nous dispenser de transcrire en entier les résolutions de la fin de ce Noviciat ; elles sont comme la conclusion pratique de ce mystique journal, et nous donnent le portrait de cet *homme qui, cherchant son appui en Dieu* résolut les *ascensions de son cœur.* (Ps. 83.)

T. S. E.   V. ✝ J.   S. e. F.

I. V. R. S. C. C. F. (1).

RÉSOLUTIONS DE NOVICIAT

Pour ma vie religieuse.

« *Le plaisir de mourir sans peine vaut bien la peine de vivre sans plaisir.* »

(Devise des Carmélites.)

« *Vivere in bona conscientia, delectari in paupertate, progredi in sancta obedientia, præfulgere in castitate, pati cum magna patientia, in silentio et castitate.* »

T. R. P. Arézo (2).

RÉSOLUTIONS GÉNÉRALES (3).

Cogitanti vilescunt omnia. (Inscription sur une tête de mort.)

« 1º J'obéirai *toujours*, *partout*, et en tout, sans hésitation, discussion ou murmure.

(1) Initiales de sa devise : *In via recta semper, cum cruce firmus.*

(2) Le P. Joseph Arézo, des Franciscains de la Province de Cantabre, restaurateur de la Province de Saint-Louis d'Anjou qui, en 1892, a formé les deux Provinces d'Aquitaine et de France.

(3) Nous reproduisons aussi les notes ajoutées par le P. Maître des Novices.

« PÈRE MAÎTRE. (Cela ne doit pas exclure les observations humbles et soumises, si ma conscience me fait un devoir d'éclairer le Supérieur.)

« 2° Je ne répliquerai *jamais* à mes Supérieurs, quelle que soit l'aigreur ou l'injustice d'un reproche.

« 3° J'aimerai mes Supérieurs et les respecterai, comme les représentants de Notre-Seigneur Jésus-Christ, dans mes paroles, dans mes actions, comme dans le fait.

« 4° J'aimerai mes Frères et j'éviterai toujours dans mes paroles comme dans mes actes, tout ce qui pourrait blesser la charité à leur égard, ou leur faire de la peine. J'éviterai en particulier, ces phrases, plaisantes, sans doute, mais où la causticité fait de la peine. (C'est ce qui m'arrive quelquefois.)

« PÈRE MAÎTRE. (Aussitôt que je m'apercevrai d'un manquement à ce sujet, je me ferai un devoir de le réparer, en m'humiliant aussitôt.) *Acquérir la douceur.*

« 5° Je serai *ponctuel* pour les exercices de Communauté et, plus tard, pour les exercices d'apostolat. Pour cela, je laisserai tout, même une lettre commencée, dès le premier signal.

« 6° Je ne demanderai jamais tel ou tel ministère de préférence à tel autre, mais j'accepterai toujours avec reconnaissance et soumission celui que m'imposera la sainte obéissance. (PÈRE MAÎTRE. M'en tenir aux Statuts. Ne jamais faire des démarches pour me procurer prédications, plus tard, par exemple.)

« 7º Je combattrai de tout mon pouvoir l'égoïsme qui se glisse si facilememt, je crois, dans la vie religieuse. (Pour cela, je me dévouerai sans compter pour mes Frères, les aidant dans leurs travaux et leurs fatigues, même aux dépens de mes intérêts.)

« 8º Je ne refuserai jamais le travail qui me sera imposé, contre mes goûts ou contre mes aises.

« 9º Dans mes rapports avec ma famille : je commencerai par regarder Dieu et sa volonté sainte, dictée par notre sainte Règle, et j'agirai à l'égard des miens, toujours en Dieu, pour Dieu et selon Dieu, autant que possible.

« 10º Je n'écrirai jamais pour le plaisir d'écrire, soit à mes parents, soit à mes amis. Lorsque j'écrirai, je ne dirai rien d'inconvenant, d'indiscret ou de léger, mais toujours je mettrai quelques paroles du bon Dieu.

« 11º Autant que possible, je n'écrirai pas de lettre sans y faire venir le nom de Jésus.

« 12º Réserve la plus scrupuleuse avec les personnes du sexe, à cause de la sainte chasteté. Je serai même scrupuleux sur ce point, mais sans exagération. »

Chaque jour.

« 1º Fidélité à la sainte oraison. — Toute ma vie, une demi-heure à une heure au moins (en m'inspirant des circonstances.) PÈRE MAÎTRE.

« 2º Travail quotidien. — Le travail principal d'obéissance d'abord ; théologie, comme étudiant. — Préparation à la prédication, comme Père.

« 3º Je m'abstiendrai de toute lecture absolument insignifiante : journaux ou revues, pour le plaisir de lire des futilités.

« 4º De temps en temps, lire quelque partie du Cérémonial, surtout plus tard pour les cérémonies de la sainte Messe. — (CONSEIL DU PÈRE MAÎTRE.) Me faire surveiller plus tard pour la célébration de la sainte Messe pour remarquer les fautes. En Mission, le faire faire par de bons Prêtres.

« Saint Office. — Dans le couvent, je me rendrai au saint Office dès le premier signal. — En arrivant au chœur, je m'assurerai de ce qu'on va dire.

« 6º Fidélité à l'examen de conscience. Marquer chaque fois, avec le Directeur, le défaut à combattre. Je me punirai des chutes en faisant une croix avec la langue sur le plancher de la cellule, — pour chaque chute.

« 7º Au réfectoire. — Je m'imposerai toujours une petite privation.

« 8º Je n'oublierai jamais de dire chaque jour la petite Couronne franciscaine.

« 9º Quand je serai au couvent, autant que possible, je garderai le silence, m'abstenant de parler sans nécessité, soit aux Frères Convers, et plus tard aux Novices et aux Étudiants, comme le prescrivent les Statuts.

« 10º Je me confesserai au moins une fois par semaine.

« 11º Pour la Communion, voir le Directeur.

« 12º Je serai toujours fidèle aux Disciplines réglementaires. »

Tous les mois.

« 1º Je ferai la retraite du mois, le 1ᵉʳ vendredi, sinon le vendredi après.

« 2º Je ferai une confession générale du mois, avec la permission du Père Directeur de ma conscience.

« 3º Pour la retraite voici :

« a/ Le soir, la veille de la retraite: *Veni Creator*.

« b/ En me levant, offrande à Dieu de tous les actes de ma journée, comme s'ils étaient les derniers de ma vie.

« c/ Avant chaque exercice, renouveler tout particulièrement cette offrande, pour le faire avec plus d'esprit de foi.

« d/ Autant que possible, et à moins d'une nécessité manifeste, je garderai le silence le plus absolu.

« e/ Le matin, je ferai une méditation sur la mort.

« *f)* A l'examen particulier, je jetterai un coup d'œil sur les examens particuliers de tout le mois. La manière dont je les ai faits. Si j'ai bien combattu le défaut dominant. Triomphes. Chutes. Je rendrai compte à mon Directeur.

« *g)* Dans la soirée, méditation sur les fins dernières, ou sur le péché, l'amour de Dieu ou la Passion.

« *h)* Le soir, examen général du mois, acte de contrition et direction, si c'est possible.

« *i)* Je m'efforcerai ce jour-là de faire le plus d'actes d'humilité possible, en évitant cependant toujours la singularité et de me faire remarquer.

« *j)* Tous les mois, lire un chapitre des Statuts. Comme il y en a douze, je les verrai par ordre. (Le 1er pour janvier, le 2me pour février, etc.) Par conséquent, je commencerai le mois prochain, octobre, par le 10me chapitre.

« Tous les mois, je relirai à la retraite ces résolutions et en rendrai compte à mon Directeur. »

Tous les ans.

« 1o Confession générale de toute l'année à la retraite annuelle.

« 2o Retraite annuelle.

« *a)* Repasser comment j'ai fait les retraites du mois.

« *b)* Repasser surtout comment j'ai fait les examens particuliers.

« *c)* Insistance sur les fautes que j'aurais pu commettre contre les trois vœux et les Statuts de l'Ordre.

« *d)* Insister aussi sur les devoirs d'état : comme étudiant et, plus tard, comme Missionnaire.

« *e)* Le plus d'exercices d'humilité possible, mais sans singularité. Surtout humilité intérieure, mortification intérieure.

« *f)* Relire pendant la retraite les obligations de notre sainte Règle, par rapport aux trois vœux d'une manière spéciale.

« *g)* Relire toutes ces résolutions, voir et noter si j'ai été infidèle et en quoi je l'ai été.

« *h)* Prendre des résolutions pratiques : une ou deux par retraite, mais les garder avec soin et me punir si j'ai été infidèle.

RÉSOLUTION DE MA PROFESSION

« L'esprit de foi. — (C'est certainement la grâce de ma chère retraite. C'est comme une révélation dans ma vie.)

« Tout pour Dieu, rien pour les hommes.

« Me poser très souvent cette question : Est-ce pour Dieu ? Et si je me surprends *ad oculum serviens* ou agissant pour satisfaire ma vanité, je m'en punirai, en récitant un *Ave Maria* pour chaque surprise. »

Laudentur Jesus Christus, Maria, Joseph, Franciscus et Apollinaris. Amen !

Le Maître des Novices approuva ces résolutions en écrivant au-dessous :

Fili carissime, hoc fac et vives.

Fr. Celestinus-Maria,
Mag. novit.

Pau, 21 septembre 1897.

Mais voici le bouquet de ces saintes résolutions, véritable *bouquet de myrrhe* au suave parfum :

In via recta semper cum Cruce firmus.

T. S. E.   V. ✝ J.   S. e. F.

« Mon Jésus,

« Je ne lis jamais sans émotion que les malheureux francs-maçons, le jour de leur enrôlement, signent de leur sang l'infâme engagement qui les lie à Satan pour le temps et pour l'éternité !

« C'est cette pensée, ô Jésus, qui m'inspire au jour béni de nos noces mystiques, de signer aussi de mon sang le vœu à jamais irrévocable d'être à vous pour toujours !

« *Moi, Frère Apollinaire, votre indigne enfant, je fais vœu et je promets à Dieu tout-puissant, à la bienheureuse Marie, toujours Vierge, à notre bienheureux Père saint François, à tous les saints, d'observer toute ma vie la Règle des Frères Mineurs,*

« Moi, frère Apollinaire, votre indigne
enfant, je fais vœu, et promets à Dieu
tout puissant, à la bienheureuse Marie
toujours Vierge, à notre Bienheureux Père
St François, à tous les Saints, d'observer toute
ma vie la Règle des Frères Mineurs, confirmée
par N. S. Père le Pape Honorius, vivant en
obéissance, sans propriété et en chasteté ! »

Signé avec mon sang le
            septembre 1792

frère Apollinaire

Fac-simile de la profession écrite par le P. Apollinaire.

confirmée par N. S. P. le Pape Honorius, vivant en OBÉISSANCE, *sans* PROPRIÉTÉ *et en* CHASTETÉ ! »

Signé avec mon sang, le 21 septembre 1897,

FRÈRE APOLLINAIRE,

T. S. E.   V. † J.   S. e. F.

Ce document est sous nos yeux ; il nous a été envoyé de Chine par le P. Henri Vielle, de Léguevin, qui a assisté le P. Apollinaire à ses derniers moments. Nous pensons que le profès porta toujours sur lui, sous enveloppe, cette formule de profession : les plis en sont usés, mais l'écriture fort belle s'est bien conservée ; la signature, écrite en effet avec du sang, est d'une écriture un peu plus fine, mais d'une fermeté et d'une netteté remarquables.

Prévoyant le cas où il viendrait à perdre cette feuille, sacrée pour lui, le Fr. Apollinaire avait écrit sur l'enveloppe : *Secret... A remettre au P. Apollinaire de Manciet, franciscain de la Province de Saint-Louis d'Anjou.*

Le P. Henri, de Léguevin, profès du couvent de Pau, lui aussi, était le directeur de son âme. C'est à lui que nous devons l'édifiant récit de ses derniers moments ; il les a publiés à Tché-Fou même, dans une plaquette (1) à laquelle nous ferons de nom-

____

(1) *Une âme d'apôtre. Le R. P. Apollinaire Dufrançois.* H. F. Imprimerie Orphelinat Saint-Joseph. Tché-Fou.

breux emprunts pour cette troisième partie de notre travail.

Le P. Apollinaire avait recommandé au P. Henri de brûler ses manuscrits. « C'était humilité de sa part ; en les publiant, nous faisons œuvre d'apostolat (1). » On ne peut qu'applaudir à cette décision. Le Missionnaire, moissonné à *trente* ans, après *trente* mois de séjour au pays des missions rêvées par lui, continuera encore son apostolat par lettres. *Defunctus adhuc loquitur.* (Hebr., xi, 4.) Le mort parle encore.

Le 21 septembre 1897, le Fr. Apollinaire prononçait les trois vœux de religion entre les mains du P. Othon ; il eut la joie de voir M. le Curé de Manciet assister à la cérémonie en même temps que celle de l'entendre lui adresser l'allocution de circonstance, véritable épanchement d'un cœur de prêtre, tout heureux de faire au Seigneur le sacrifice de l'agneau le plus aimé de son troupeau.

Le sanctuaire de Notre-Dame de Lourdes n'est pas loin de Pau. Habituellement, les nouveaux profès allaient se prosterner devant la Grotte bénie, au lendemain de leur profession et se consacrer à l'Immaculée, la Patronne plusieurs fois séculaire de l'Ordre séraphique. Par une heureuse coïncidence, le 22 septembre, un pèlerinage d'Armagnac arrivait à Lourdes, quelques instants avant que le

(1) *Une âme d'apôtre,* page 1.

Couvent des Franciscains à Pau. (Cloîtres, oratoire du Noviciat, infirmerie.)

Fr. Apollinaire n'y arrivât lui-même. La douce Providence lui ménageait la consolation de revoir là sa mère de la terre, sous les regards de notre Mère du ciel.

Après quelques heures passées dans ces lieux bénis, le Fr. Apollinaire partait pour le couvent de Béziers où il devait continuer ses études théologiques. Le lendemain de son arrivée dans ce couvent, il rendait compte de son voyage au Père Provincial en ces termes :

« Très Révérend Père,

« Il me tardait de trouver un instant pour vous dire comment j'ai fait le voyage et vous dire aussi un mot de mon séjour à Lourdes. Tout s'est passé à merveille : Dieu soit béni ! et Notre-Dame de Lourdes aussi ! J'ai trouvé à la gare ma mère... elle a pleuré un peu en me voyant avec l'habit religieux, mais vous ne sauriez croire comme elle a été vite consolée par les quelques paroles que j'ai pu lui dire de ma chère fête de Profession qui est et qui sera toujours unique dans ma vie ! (Que ne suis-je mort le 21 septembre !!!) — Elle est devenue calme et même joyeuse cette bonne mère et tous les bons paroissiens de Manciet étaient dans la jubilation de me voir avec la bure de saint François. Le cher Monsieur le Curé était là aussi : quel homme ! J'ai pu prier un peu avec lui devant la Grotte et m'entretenir quelques instants. Comme il était heureux de me voir enfin dans notre chère

famille franciscaine, tout à fait ! et quand je lui ai
dit que, dans trois ans, avec la grâce de Dieu, je
compléterais le sacrifice, il a pleuré et il m'a dit :
« C'est tout à fait clair, le bon Dieu vous a conduit
« d'une manière trop visible pour que je doute un
« seul instant que vous serez Franciscain-mission-
« naire. Mais il nous faut le secret jusqu'au dernier
« moment, afin de tout préparer dans le calme.
« Vos parents se résignent peu à peu... Dieu bénit
« leurs affaires... Le doigt de Dieu est là... mais
« pour l'avenir... le silence est nécessaire ! » — Quel
homme ! quel saint homme !

« J'ai fait la sainte communion au Rosaire... A
10 heures un quart, il a fallu s'arracher à Notre-
Dame de Lourdes et prendre le train de Toulouse...
En arrivant à Béziers, j'ai trouvé à la gare le bon
Fr. Innocent qui m'a conduit au couvent ; il était
10 heures : vous le devinez, tout le monde dormait !
Après un bon souper, assaisonné d'un bon appétit,
le Frère m'a conduit dans notre cellule qui porte
le titre de Saint-Pacifique (1) ! Le lendemain, j'ai
remis mon obédience au P. Marcel qui est prési-
dent en l'absence du R. P. Gardien.

« Je ne vous dis pas l'accueil des bons Frères
Étudiants... Je n'aurais pas osé espérer tant d'attention, d'abandon, de bontés ! J'ai pleuré en quittant

----

(1) Saint Pacifique de San Sévérino, prêtre de l'Ordre des
Frères Mineurs, naquit en Italie, à San Sévérino, petite ville de
la Marche d'Ancône, en 1653, mourut en 1721, et fut canonisé
par Grégoire XVI en 1839.

Église des Franciscains à Béziers
(Grande nef, autel majeur et chœur des Religieux.)

le Noviciat : je l'aimais tant et je l'aimerai toujours, mais comme il fait bon ici !

« J'ai fait aussi la connaissance du Père Lecteur, le R. P. Paulin ; il est très clair en classe. Je suis très heureux de reprendre ma Théologie dans laquelle je trouvais tant de charmes au Grand-Séminaire ! Je m'y suis mis tout entier et avec courage ; j'ai bien à cœur de faire tout ce que je pourrai d'ici à mon départ pour la caserne.....

« Très Révérend Père, pardonnez-moi le décousu de ces lignes ; je les écris au grand galop et sans savoir trop ce que je vous dis ; nous avons pour 4 heures une longue leçon d'Histoire ecclésiastique à apprendre. Je finis donc et je m'arrête pour vous demander votre bonne bénédiction et vous rappeler de croire à l'affection bien respectueuse et bien reconnaissante à tant de titres de votre enfant bien indigne.

« Fr. Apollinaire, O. F. M. »

Cette lettre nous donne à comprendre que les parents du P. Apollinaire n'avaient encore qu'une connaissance incomplète de sa vraie vocation. Le départ pour la vie religieuse les avait engagés dans la voie du sacrifice ; ils devaient y marcher et, à leur insu, se préparer peu à peu à la dernière immolation du dernier départ. Il fallait, en un mot, les familiariser avec la pensée de la séparation. Telle était la prudente tactique inspiré au jeune Religieux par son dévoué pasteur : il l'observa jusqu'au bout ; aussi, quand vint l'heure du dernier adieu, ses parents, cette fois, restèrent *debout, au pied de la croix*, calmes et complètement soumis à la volonté de Dieu.

Le Fr. Apollinaire demeura fidèle au souvenir du Noviciat comme à tous les grands souvenirs de sa vie ; il avait la mémoire du cœur ; son cœur n'oubliait plus ceux qu'il avait une fois aimés. Voici la dernière expression de ce souvenir que nous trouvons dans une lettre adressée au P. Célestin :

Tché-Fou, Séminaire de Saint-Louis d'Anjou,
21 septembre 1903.

T. S. E.   V. † J.   S. e. F.

« Révérend et bien-aimé Père Maître,

« Un revenant du fond du monde vous arrive... ! Il est vrai, et ce sera son excuse, que ce revenant est un de vos fils, fidèle devant Dieu au souvenir reconnaissant et affectueux de son bien-aimé Père Maître. — J'ai voulu dater ce billet du 21 septembre, pour vous rappeler la date si chère de mes deux Professions, simple et solennelle. On a beau être au fond du monde, perdu dans l'immense Chine, le culte du souvenir est vivant ; les grands et beaucoup de petits événements de notre vie, avec toutes les personnes qui furent associées à ces événements, sont dans le cœur, et, je le pense, jusqu'à la mort. D'ailleurs, ces souvenirs ne nuisent en rien aux devoirs nouveaux, aux affections nouvelles que le bon Dieu nous a ménagées dans notre nouvelle patrie... »

Le reste de la lettre se rapporte à l'œuvre du Séminaire qui lui a été confiée ; nous le reproduirons en son temps.

Deux mois après son arrivée à Béziers, Fr. Apollinaire était appelé à Mirande (Gers) pour y subir son dernier conseil de revision. Il retrouva là M. l'abbé Baradat, son ancien professeur de septième, remplissant les fonctions d'aumônier de l'hôpital. Le petit et turbulent écolier avait bien changé : grandi en *âge* et en *sagesse,* revêtu de la bure franciscaine et tout rayonnant de cette douce modestie qui lui était si naturelle, il parut devant le vénérable aumônier comme une apparition séraphique. M. Baradat fut pour lui ce qu'il était douze ans auparavant, l'ange du bon conseil et l'homme du dévouement...

Notre conscrit ne se souvenait pas avoir été malade depuis sa quatrième ! Et, depuis seize mois, il marchait pieds nus, l'hiver comme l'été, se levait à minuit pour Matines, allait psalmodier au chœur six fois par jour et faisait pour la seconde fois le grand carême de l'Ordre qui dure cinquante-quatre jours ! Il se disait à part lui : « J'ai donné la mesure d'une excellente santé pendant ces seize mois ; si saint Joseph ne s'en mêle pas je suis perdu et, dans quarante-huit heures, je serai sac au dos. » Saint

Joseph s'en mêla et il fut réformé. Tout de suite, il écrivit au Provincial une lettre dans laquelle il raconte avec humour la séance de revision et il termine en disant : « Je suis sauvé ! Vive saint Joseph ! Dites-moi, n'est-ce pas le cas ou jamais de chanter un *Te Deum*, et du premier ton encore ! Oh ! oui, oui ! *Te Deum laudamus* et vive saint Joseph ! »

Désormais, l'aspirant aux missions parmi les infidèles n'avait plus à redouter l'interruption de ses études ; il s'y livra avec ardeur, désireux de mettre à profit la moindre minute des trois ou quatre ans qu'il prévoyait devoir demeurer en Europe.

Sur ces entrefaites, Mgr Césaire Schang, Vicaire apostolique du Chang-Tong oriental, vint en France et s'arrêta au couvent de Béziers ; nous avons dit plus haut que c'était à Pau que, lui aussi, était entré dans l'Ordre des Frères Mineurs. Sa présence et sa parole avivèrent extrêmement les désirs du Fr. Apollinaire. De son côté, l'Évêque franciscain, devinant tout ce qu'il y avait de ressources pour sa mission dans l'humble étudiant de Béziers, se proposa de l'emmener à son retour en Chine. Mais le Provincial avait promis au Fr. Apollinaire que ses parents auraient, avant son départ, la consolation de le voir monter à l'autel. D'accord avec lui, Mgr Césaire en référa à la Congrégation des Évêques et Réguliers pour obtenir les dispenses nécessaires. La réponse fut que tant que le Fr. Apollinaire n'aurait pas, au moins, dix-huit mois de vœux simples, il ne pouvait pas être question de dispense. Par contre, elle donna une réponse favorable aux instances que Mgr Césaire fit quelque temps après pour Jean-Marie Gautié qui allait finir son noviciat, sous le nom de Fr. Louis de Saint-Orens.

Fr. Louis, comme clerc, relevait de son évêque, tant qu'il n'avait pas fait sa profession. Si son évêque lui donnait des lettres dimissoriales, la Congrégation permettait qu'il fût ordonné, mais *avant sa profession* et dans la *ville où il faisait son noviciat.*

De même que Jean-Marie Dufrançois, son ami, Jean-Marie Gautié était sorti du Grand-Séminaire avec d'excellentes notes : aussi le vénérable archevêque lui donna-t-il les dimissoriales.

Le Fr. Louis de Saint-Orens terminait son noviciat le 12 août ; le 15, fête de l'Assomption, à 7 heures du matin, il était ordonné prêtre par Mgr Césaire, dans l'église des Franciscains. La cérémonie achevée, il déposait les ornements sacrés et faisait profession entre les mains du P. Othon. L'église était comble. Le soir, à la cérémonie du départ, même affluence de cette si religieuse et si sympathique population de Pau. On pense qu'il y avait plus de 2 000 personnes. Près de 400 hommes défilèrent dans le sanctuaire pour baiser les pieds du jeune Missionnaire.

Fr. Apollinaire assistait à la cérémonie ; malgré ses ardents désirs et sa vive émotion, son humilité trouvait parfaitement justifiés non seulement les faveurs dont son ami était l'objet, mais encore et surtout le délai qui lui était imposé. Le Provincial lui confia la douce mission d'accompagner le Père Louis dans sa famille, voulant par là lui donner un consolant dédommagement et procurer une dernière fois, à l'un et à l'autre, cet *emolumentum societatis* dont parlent nos saints Livres.

De même que le Fr. Apollinaire, le P. Louis avait à compter avec la tendresse de ses parents et, presque autant, avec celle de son Curé, vénérable vieillard bientôt octogénaire, qui avait caressé le rêve de le demander comme auxiliaire pour ses dernières années.

Après trois jours passés à Saint-Orens, Fr. Apollinaire laissa le P. Louis dans sa famille et revint rejoindre le Provincial.

« Oh ! qu'ils sont courageux ! disait-il en parlant des parents du P. Louis. Quelle excellente famille ! Leur soumission à la volonté de Dieu est admirable ! Ils comprennent le sacrifice qu'ils font à tous les points de vue en consentant à son départ ! Quel saint que notre petit P. Louis !... Oh ! sa Messe ! Quelle Messe ! C'est saint Louis d'Anjou à l'autel... Il a son âge et, je pense aussi, un peu de son angélique visage... surtout à l'autel. — Mais en dehors des choses sérieuses, quel caractère gai ! Pendant ces trois jours, nous avons ri presque autant que pendant tout notre Grand-Séminaire... mais seulement quand nous étions seuls... Il a ouvert le feu de cette aimable gaieté en passant au moulin...

LE P. LOUIS-GAUTIÉ, DE SAINT-ORENS
O. F. M.
(13 août 1898.)

Nous nous acheminions au petit pas vers Saint-Orens quand, tout à coup, je l'entends crier : *Adéchats, mouliéro ! è doun : coumo batz* (1) ? Et j'aperçois dans les champs une brave femme qui répond très poliment à son salut. Et ainsi pour tout le monde, aimable, poli, prévenant.

« Le lendemain de notre arrivée, je l'ai vu préoccupé... Sa mère venait de le prendre en particulier : « Tu vas donc nous quitter, lui dit-elle, et « pour toujours !... Tu t'en vas si loin, pauvre « enfant !... Mais puisque le bon Dieu te réclame, « nous ne pouvons pas te refuser... Je sais que tu « prieras beaucoup pour ton père et pour moi ; « prie aussi pour ton frère, afin qu'il reste sage... « mais je te recommande tes sœurs. Demande au « bon Dieu qu'elles soient toujours vertueuses et « qu'elles nous fassent honneur par leur bonne « conduite. C'est là la première richesse. » Ces paroles impressionnèrent profondément le Père Louis.

Fr. Apollinaire assista aussi à sa première entrevue avec le vénérable curé de Saint Orens. M. l'abbé Gesse avait baptisé le jeune missionnaire ; il l'avait préparé à la première Communion, initié aux éléments de la langue latine, dirigé enfin aux débuts de sa vocation cléricale ; dans sa pensée, il devait être le bâton des dernières années de sa vieillesse. Ce digne prêtre était retenu depuis quel-

_____

(1) « Bonjour, meunière ! Eh bien ! comment allez-vous ? »

ques jours dans son lit par la maladie, lorsque le
P. Louis arriva au presbytère.

En voyant le P. Louis entrer dans sa chambre, il
s'écria en sanglotant : « Ah ! c'est toi, Jean-Marie,
mon enfant... et tu viens me dire adieu... et tu vas
nous quitter pour toujours ! moi qui comptais tant
sur toi pour m'aider à faire encore quelque chose
dans la paroisse, dans l'église de ton baptême,
avant de mourir... moi qui espérais que tu serais là
pour me fermer les yeux... J'ai déjà un pied dans
la tombe ! oh ! tu n'aurais pas attendu longtemps...
et tu aurais pu partir ensuite... » Et le pauvre prêtre pleurait à chaudes larmes.

Le P. Louis, ému, tremblant, pleurant lui aussi,
répliqua doucement : « C'est vrai, Monsieur le Curé,
je vous dois tant... je vous dois la plus grande
reconnaissance ! Mais le bon Dieu m'appelle : j'ai
prié, j'ai réfléchi, je me suis ouvert à mon Directeur ; l'appel n'est pas douteux ; c'est pour moi un
immense sacrifice de me séparer de vous et de
mes parents ; mais, devant la volonté de Dieu, il
ne m'est pas permis d'hésiter ; je dois lui obéir. »
M. Gesse resta un moment pensif, essuyant silen-
cieusement ses larmes ; et, tout à coup : « Tu as
raison, mon enfant... je ne pensais qu'à moi, et ne
voyais que moi : quand Dieu parle, il faut obéir...
Obéis, mon enfant ! obéis ! Que Dieu te bénisse !
Avant tout, sa sainte volonté ! »

Nous résumons la scène racontée en détail par
le Fr. Apollinaire ; il en parlait avec l'enthousiasme

d'une âme élevée, qui admire dans une autre âme
la générosité des plus grands sacrifices. — Trois
ans plus tard, partant lui-même pour la Chine, il
allait avec le Provincial, saluer l'excellente famille
du P. Louis. M. Gesse avait dû prendre sa retraite ;
son grand âge et ses infirmités l'avaient obligé à
se retirer près de Mauvezin, dans sa maison natale.
Son successeur, jeune et aimable prêtre, fit au deux
Franciscains l'accueil le plus gracieux. Ils allèrent
tous les trois passer quelques instants auprès de
M. Gesse. Ce vétéran du sanctuaire vivait en quelque sorte du souvenir de son ancien enfant de
chœur ; à la façon dont il nous en parlait, nous
comprenions que ce souvenir illuminait le soir de
sa vie d'une bien douce et bien consolante clarté.

M. Gesse mourut quelques mois après ; la *Semaine religieuse* d'Auch reproduisait plus tard une
lettre dans laquelle le P. Louis laissait éclater sa
filiale douleur avec l'expression de sa reconnaissance.

De Béziers, le Fr. Apollinaire fut envoyé à
Bordeaux et placé comme professeur au Collège
séraphique.

Il était tout entier aux occupations de sa nouvelle charge, lorsqu'il reçut une lettre du P. Louis
de Saint-Orens, lui racontant le glorieux martyre
du P. Victorin, jeune Franciscain de la Province
de Belgique. Au premier moment de loisir, Fr. Apollinaire parle de cet événement à son intime con-

fident et lui laisse entrevoir, tout empreintes d'humilité les saintes impatiences de son âme.

Collège séraphique, 4 avril 1899.

« BIEN CHER MONSIEUR L'ABBÉ ET FRÈRE,

« Vous avez certainement lu dans les journaux, que nous possédions un nouveau martyr en Chine, le R. P. Victorin, mis à mort en haine de la foi, à l'âge de vingt-sept ans. Le bon P. Louis (ex-abbé Gautié) m'a écrit une longue lettre où il me donne tous les détails du glorieux martyre de notre Père. Saisi par les païens armés, il a eu à souffrir des tourments affreux et qui étonnent! Après une flagellation cruelle, les dérisions les plus grossières: il dut assister au massacre de huit chrétiens, torturés et mis à mort sous ses yeux. Pendant six jours, il resta suspendu à un arbre, où les barbares venaient le percer de pointes de fer et le pincer avec des tenailles rougies. Après ces jours d'agonie, condamné à avoir la tête tranchée, dix-sept chefs l'ont frappé à tour de rôle, et ce n'est qu'au dix-septième coup que la tête a roulé à terre : deux glaives ont été brisés et plusieurs ébréchés. Alors une scène d'horreur a eu lieu : les misérables ont bu son sang, puis, ayant brisé la tête ils ont mangé le cerveau. Ce n'est pas tout : pour avoir le cœur qu'ils ont aussi rôti et mangé, ils ont fendu le corps, du ventre au menton, et pour maintenir les deux parties du corps séparées, ils ont introduit un

bâton en travers. Une partie des cuisses enfin a
eu le sort du cœur. Chose merveilleuse ! le corps,
retrouvé vers le milieu de janvier, avait conservé sa
blancheur et sa flexibilité, pas une trace de corrup-
tion, et cependant le P. Victorin était mort le
11 décembre. Avec la lettre du P. Louis, nous avons
aussi reçu une lettre du R. P. Procureur de nos
missions au Chantong : il nous adresse une photographie des restes réunis de notre martyr : c'est
un amas informe et triste à voir. Mon Dieu, quelle
belle mort ! Heureux frère ! Je n'ose rien demander au bon Dieu, mais cependant, au fond du cœur,
je sens toujours je ne sais quelle voix !... Mon
Dieu ! que votre volonté soit faite !

« Je m'arrête, bien cher frère, ne m'oubliez pas,
je vous en prie, au saint Autel : encore un petit souvenir, je vous prie, pour ma bien-aimée grand'mère.
Recommandez-moi à Maria, je ne l'oublierai pas
de mon côté. Pour le si vénéré M. le Supérieur,
pour mon bon Père M. Déauze, pour M. Carchet
et tous les bons Directeurs, je ne vous dis pas tout
ce que mon cœur voudrait leur dire. Je m'en
remets à votre cœur même, qui saura trouver pour
chacun ce que le mien sent et essaie de formuler
pour eux, chaque jour, devant le bon Dieu. Je suis
toujours leur fils bien respectueux, bien affectueux
et reconnaissant. Mon meilleur souvenir aux Abbés
que je connais encore. Je n'oublie pas non plus la
bonne Mère Supérieure, à qui je dois une particulière reconnaissance.

« Tout vôtre dans les saints Cœurs de Jésus et
Marie.

« Fr. Apollinaire, O. F. M. »

C'est pendant son séjour au Collége séraphique
qu'il fit sa profession solennelle le 21 septembre
1899, dans la chapelle même du Collége, entre les
mains du P. Thadée, Gardien du couvent, ancien
Directeur du Collége, et spécialement délégué par
le Provincial. Voici ce que nous trouvons dans ses
notes personnelles :

T. S. E.   V. ✝ J.   S. e. F.

« Écrit la veille de ma Profession solennelle, 20 sept. 1899.

« A la veille de ma donation totale à Dieu : à
genoux devant mon crucifix, je voue tout mon être
à Notre-Seigneur pour être son esclave..... Jésus,
ce qu'il vous plaira, à la vie, à la mort.....

« *Obéissant, Pauvre et Chaste !* Mon Dieu, faites
que je sois fidèle ! Soutenez-moi, Seigneur, car avec
plus de vérité que saint Philippe de Néri je puis
vous dire : « Défiez-vous de moi, sinon je vous tra-
« hirai ! » Je vous consacre mon âme avec toutes ses
facultés et toutes ses puissances ; je vous consacre
mon cœur avec ses affections ; mon corps avec
toutes ses misères, tout le sang de mes veines,
toutes les forces et les énergies de mon être, afin
de les employer *uniquement* pour votre gloire et

les âmes ! Seigneur, je me donne à vous pour la vie, sans restriction, en toute simplicité de cœur : prenez-moi, gardez-moi et défendez-moi. Ainsi soit-il !

« Marie Immaculée, saint Joseph mon Père, saint Jean et bienheureux Apollinaire, mes saints Patrons, saint François, mon séraphique Père, saint François de Sales, mon bon Ange gardien, soyez les témoins de ces promesses que je forme devant Dieu et que je signe avec mon sang.

« *V.* ✝ *J. Frère Apollinaire, O. F. M.* »

20 septembre 1899.

Jésus tout à vous !

La signature et ce qui l'accompagne est, en effet, écrit avec du sang, et, comme dans la formule de sa profession simple, elle semble encore plus nette et plus ferme que l'écriture ordinaire, pourtant si remarquable au point de vue calligraphique.

Au Collège séraphique, Fr. Apollinaire fut l'homme du devoir. Conservant ses ardentes aspirations pour l'apostolat, il se mit à l'œuvre du professorat comme s'il avait été l'idéal de ses rêves. Ses Supérieurs le voulaient en ce moment au Collège ; l'éducation des jeunes aspirants à la vie franciscaine lui apparaissait donc comme la manifestation actuelle de la volonté de Dieu ; il s'y adonna dès lors avec le plus grand zèle et surtout avec cet esprit de foi qui était comme la dernière empreinte de son noviciat.

Esprit observateur, il n'avait rien oublié de ce qu'il avait vu en fait de discipline au collège d'Éauze pendant sept ans et de ce que, pendant trois ans, il avait admiré dans la sage et surnaturelle direction du Grand-Séminaire. Il se trouvait en face d'éléments qui, par l'âge, se rapprochaient des collégiens d'Éauze, tandis que, par la vocation, ils devaient ressembler aux plus fervents élèves du sanctuaire. Mettant à profit ses observations personnelles, il adopta une manière de procéder qui révéla immédiatement de véritables aptitudes éducatrices. Du reste, plein de déférence envers le Directeur du Collège et ses collaborateurs, il se serait fait un scrupule d'appliquer la moindre mesure qui n'eût été auparavant formellement approuvée.

A cette époque, le Collège séraphique était dirigé par le P. Marie-Joseph Dumoulin, de Bourges, Définiteur de la Province. Fr. Apollinaire trouva en lui un Supérieur des plus sympathiques, unissant les qualités du fervent Religieux à toutes les délicatesses de la bonne éducation ; ses débuts dans l'enseignement reçurent de lui les plus précieux encouragements.

Au P. Marie-Joseph succéda le P. Godefroy Descamps, de Condom, compatriote et presque condisciple du Fr. Apollinaire. Reportant sur son nouveau Supérieur l'affectueuse confiance qu'il avait donnée à son prédécesseur, le Fr. Apollinaire continua à recevoir de lui la sage direction que réclamait, en matière d'éducation, son humble défiance de lui-même.

S'inspirant des conseils de plusieurs auteurs ainsi que de son expérience personnelle, Fr. Apollinaire ébaucha, en février 1900, un petit directoire, très pratique, pour le Préfet de discipline et les professeurs du Collège séraphique, précieux manuscrit que l'on conserve presque comme une relique. Nous citons la dernière phrase ; elle nous montrera le P. Apollinaire (prêtre depuis deux mois), malgré l'attrait et l'absorption de son labeur actuel, aboutissant toujours à la pensée qui remplissait son âme, celle de l'apostolat.

Son manuscrit se termine par l'alinéa dans lequel il indique comment le Préfet de discipline doit diriger le Tiers-Ordre et le parti qu'il peut en tirer pour le bien général des élèves. Fr. Apollinaire conclut ainsi :

« Le Préfet pourra joindre au Discrétoire, pour ce genre d'apostolat, quelques enfants qui lui paraîtront plus généreux, plus exemplaires. Cette marque de confiance les forcera à se maintenir irréprochables eux-mêmes et à faire déjà l'apprentissage de l'apostolat modeste autour d'eux. »

Déjà apôtre lui même, le jeune professeur voulait communiquer autour de lui le feu sacré dont son cœur était embrasé. Fondé surtout pour alimenter les Missions franciscaines de Terre-Sainte et de

Chine, le Collège séraphique doit être un vrai séminaire de missionnaires ; le P. Apollinaire estimait avec raison que, débutant par l'apostolat de l'exemple dans cette humble maison, les élèves se préparaient à exercer saintement, plus tard, celui de la parole sur un plus vaste théâtre. Hâtons-nous de dire que Directeur et professeurs n'avaient jamais eu d'autre pensée. Disons aussi que les efforts du P. Apollinaire eurent de bien consolants résultats lorsque, nommé lui-même Préfet de discipline, il eut à passer de la théorie à la pratique. Ses anciens élèves, devenus Religieux, sont unanimes à proclamer qu'il réalisa parfaitement le programme tracé dans les premières lignes de son manuscrit. Parlant de l'action du Préfet de discipline, il s'exprime en ces termes : « Elle sera une bénédiction pour nos enfants, pourvu qu'aimant leurs âmes, s'oubliant lui-même et ayant bien à cœur son devoir et sa responsabilité, le Préfet de discipline se donne sans compter, *suaviter et fortiter.* »

Le 14 juillet, fête de saint Bonaventure, est la date où commencent les vacances pour les étudiants franciscains ; les élèves du Collège séraphique retournent dans leurs familles. Le P. Apollinaire passa une grande partie de ses vacances de professeur au couvent de Saint-Palais, au diocèse de Bayonne.

Saint-Palais, l'une des anciennes capitales de la Navarre française, fut la première ville qui, au xixe siècle, donna l'hospitalité aux Franciscains ; c'est dans ses murs que le vénérable P. Joseph Arézo fonda son premier couvent. Les habitants de Saint-Palais avaient conservé cette fermeté de foi religieuse que la reine Jeanne d'Albret ne réussit pas à entamer par dix ans de sectarisme despotique. La charité des Saint-Palaisiens est à la hauteur de leur foi. L'un d'eux donna aux Franciscains un de ses champs (1) : les autres et plusieurs bienfaiteurs leur bâtirent dans ce champ leur couvent actuel, ce qui leur permit de quitter les vieilles maisons aménagées pour la première installation.

En 1898, Mgr Césaire Schang passa quelques jours dans ce couvent. Le curé-doyen de Saint-Palais, M. l'abbé Bidégarray qui, à la distinction personnelle unit les qualités du prêtre éminent, ménagea à Sa Grandeur une fête paroissiale, après avoir fait un appel chaleureux à la générosité de ses paroissiens, en faveur des missions du Chan-Tong. Précédé de M. le Doyen, Monseigneur passa dans les rangs de l'assistance, présentant humblement son escarcelle. La recette fut abondante : proportions gardées, les bons habitants de Saint-Palais avaient donné plus que certaines paroisses des plus importantes de Paris, appelées à contribuer à certaines œuvres par les plus retentissantes réclames.

Telle était la religieuse et sympathique population

(1) Le T. R. P. Etchécopar, Supérieur Général des PP. de Bétharram, décédé en 1897, en réputation de sainteté.

Couvent des Franciscains à Saint-Palais.

au milieu de laquelle le P. Apollinaire prit plusieurs congés. Pendant ces congés, il devait faire dans les montagnes des promenades, impossibles à Bordeaux, et respirer l'air pur dont les grandes villes sont privées. Levé à 4 heures du matin, on le voyait quelques instants après agenouillé près du tabernacle, du côté de l'évangile : c'est là qu'il faisait sa préparation à la Messe et son action de grâces. A 6 heures, il était en route avec deux ou trois compagnons de congé. Parmi eux, s'en trouvaient deux dont le caractère et les goûts s'harmonisaient admirablement avec les siens : c'étaient le P. Léonard Casarré, de Meillon, et le P. Bertrand Garros, de l'Isle-en-Dodon ; celui-ci était un ancien élève du Collége séraphique, l'autre un ancien rhétoricien du collège de Bétharram. Quand on les voyait passer dans les rues de Saint-Palais, modestes, silencieux, recueillis, on pensait, nous disait-on, à François d'Assise, invitant ses Frères à aller prêcher *sans rien dire.*

Cependant, quelqu'un qui aurait rencontré nos trois jeunes Franciscains à un kilomètre hors ville, les eut entendus causer, rire et parfois même chanter avec l'entrain de collégiens joyeux, mais bien élevés. En ce moment, rien de plus conforme à la volonté de Dieu. Rentrés au couvent, on les eut vus au chœur recueillis comme des anges du ciel.

« Saint-Palais, *Ton nom charme l'oreille.....!* disait le P. Apollinaire dans une lettre, faisant discrètement allusion à certaines prédilections de son

Provincial. Quels heureux jours passés sous la paternelle houlette du P. Jean de Sainte-Eulalie, le poète et poétique Gardien de céans ! quelles attentions maternelles de la part des bienfaitrices, pour les malades d'occasion que nous étions ! quelles délicieuses promenades à Saint-Sauveur, à Garris, à Béguios et surtout au côteau de *Gibraltar*, d'où nous pouvions contempler les anciens royaumes de France, de Navarre, d'Espagne et (l'imagination aidant) presque Pampelune !..... Et le chemin que saint François suivit nécessairement pour entrer en Espagne, puisqu'il y entra en passant par la Navarre..... ! »

Mais voici l'expression surnaturelle de son âme.

Envoyé par le Provincial, en décembre 1900, au couvent de Saint-Palais pour s'y reposer quelques jours et y passer les fêtes de l'Immaculée Conception, fête titulaire de ce couvent, le P. Apollinaire répond en ces termes à l'un de ses élèves (1) :

« Vous me dites qu'au milieu de vos occupations, vous vous transportez quelquefois à Saint-Palais par l'imagination. Je voudrais tant que ce voyage vous fût hygiénique ! Il le serait si vous pouviez respirer ici les parfums d'édification, de silence, de solitude, de régularité, que je respire dans notre bien-aimé couvent, à pleins poumons, avec l'air si pur et si fort de nos montagnes ! Et moi aussi, bien cher, je

______

(1) Aujourd'hui Fr. Hermann, étudiant en théologie.

fais souvent un petit voyage dans le genre du vôtre, avec l'esprit et le cœur. Je continue à vous suivre dans notre cher Collège, et je vous vois travailler, prier et vous préparer de jour en jour, vous et votre classe, à la grâce incomparable du Noviciat ; les autres, à leur formation vraiment séraphique. Je fais plus et mieux que cela : tous les jours, je le transporte, ce cher Collège, dans notre solitude, et je le dépose sur la patène et au pied du calice, au saint Autel ! Ainsi loin de vous, je vis un peu de votre vie, m'intéressant à tout ce qui vous est cher, car vous n'imaginez pas, bien cher, combien j'aime vos âmes et combien j'aurais à cœur, avec tous vos bons professeurs et votre bien-aimé Père Directeur, de vous voir profiter des grâces inouïes dont vous êtes saturés au Collège. »

Le P. Apollinaire s'attacha à son œuvre comme à toutes les œuvres qui étaient pour lui l'expression de la volonté de Dieu : la prospérité spirituelle du Collège demeura jusqu'à la fin l'une de ses apostoliques préoccupations. Elle se fait jour dans sa correspondance avec le P. Godefroy et dans des lettres aux professeurs ou aux élèves. Nous citerons plus bas celle dans laquelle il leur raconte sa traversée. Mais voici d'une façon générale comment il s'exprime toutes les fois qu'il parle du Collège. Au mois d'avril 1902, il écrivait au P. Godefroy :

« Merci des nouvelles de notre cher Collège que votre lettre, celle de votre charmant Vicaire, le bon P. Edmond, celle du P. Nicolas (toujours si bon !), celle enfin des chers élèves du 1er cours, nous ont apportées. Ici, comme en France, croyez-le, la mémoire du cœur est aussi fidèle que possible. Vous ne nous oubliez pas devant Dieu, dites-vous ; vous êtes bien payés de retour. — Comme je regrette en ce moment de ne pouvoir écrire un petit mot au P. Edmond, au P. Nicolas et à nos chers élèves qui m'ont offert pour le premier jour de l'an un si beau bouquet de fleurs spirituelles. Rien ne pouvait m'être plus agréable, mais j'espère bien que je ne tarderai pas à me procurer ce bonheur. »

Six mois après son arrivée en Chine, son évêque lui confia la direction du Séminaire indigène. En annonçant cette nouvelle au P. Godefroy, le P. Apollinaire lui écrit qu'ayant été chargé par Monseigneur de dresser un horaire, il a immédiatement reproduit celui du Collège séraphique. Quand il parle du programme des études, il s'écrie :

« Comme je bénis le bon Dieu de m'avoir fait passer par le Collège séraphique ! Tous les jours, quand je ne dois pas faire la classe moi-même, je vais aux cours de latin pour veiller à l'application du programme et à la formation des très novices professeurs. »

Enfin, après une longue et intéressante description adressée aussi au P. Godefroy, et qui aura sa place plus bas, il écrit :

« Je m'arrête, bien cher Père et Ami. Comme

j'ai bavardé ! Priez pour nous et faites prier nos chers Séraphiques, nos chers Pères et Frères, pour la mission du Chan-Tong. Le souvenir du Collège est bien vivant dans mon cœur : je n'oublie personne au saint Sacrifice. Souvent, je revois par la pensée qui est bien fidèle, grâce à Dieu, la chapelle, la cour, l'étude, les classes, la cuisine avec le bon Fr. Cyriaque, la cordonnerie avec le cher Fr. Victor, la lingerie avec le cher Camille, l'étude de deux heures, le dimanche, avec le *terrible* Préfet de discipline, etc., etc. — A tous, Pères, Frères et enfants, affectueux souvenirs et union de prières... »

C'est le 24 décembre 1899 que le P. Apollinaire fut ordonné prêtre, à Bordeaux, dans la chapelle du Grand-Séminaire, par le cardinal Lécot. Il célébra sa première Messe dans la chapelle du Collège séraphique. Les pages qui précèdent nous ont révélé par anticipation la ferveur avec laquelle il accomplit les saints mystères.

Le lendemain, P. Apollinaire arrivait à Manciet, portant à ses parents les bénédictions de son sacerdoce. Inutile de dépeindre ici leur joie et toute la consolation que l'excellent Curé trouva dans cette visite ! Il voulut en faire profiter la paroisse entière, et le nouveau prêtre dut monter en chaire. Il parla de l'amour de Jésus-Christ pour les hommes. Deux jours après, il était au Petit-Séminaire d'Éauze où son ancien Supérieur et Directeur, ainsi que les professeurs, lui firent l'accueil le plus aimable. Là aussi il dut parler à la Congrégation d'abord, ensuite à toute la communauté. M. le Doyen de Nogaro écrivit au Provincial et obtint que le P. Apollinaire vînt *commencer* ou *finir* le siècle, le 31 décembre, dans son antique Collégiale et, à cette occasion, prêcher aussi à son enthousiaste population. De retour à Manciet, nous écrit M. le Curé, il parla aux enfants d'une manière délicieuse des Œuvres de la Propagation de la Foi et de la Sainte-Enfance. Le futur missionnaire parlait en ce moment *de l'abondance du cœur*. — Le zélé pasteur a établi dans sa paroisse l'exercice de *l'Heure-Sainte*, tous les jeudis de l'année. P. Apollinaire assista à l'une de ces réunions et, sur les pressantes invitations de son Curé, il exposa aux âmes pieuses qui l'entouraient la nécessité de cette œuvre de réparation. « Nous étions ravis de l'entendre, écrivait M. le Curé au Père Provincial, et nous l'avons trouvé beaucoup *trop court...* Il est déjà un orateur tel que le voulait votre séraphique Père saint François... »

Vers la fin de juillet 1900, on apprit la désolante nouvelle que trois Évêques franciscains, plusieurs Pères et sept Religieuses Franciscaines Missionnaires de Marie avaient été massacrés, en Chine ; on apprenait, en même temps, que les Boxeurs se proposaient l'extermination générale des missionnaires et des chrétiens. La nouvelle fut bientôt confirmée.

Le 9 juillet, en effet, fête des Martyrs franciscains de Gorcum, eut lieu à Taï-iuen-fou, dans le

Chan-Si méridional, la plus désastreuse hécatombe. Là furent mis à mort Mgr Grassi, Mgr Fogolla ; les PP. Elie Facchini et Théodoric Balat ; le Fr. André Bauer, tous de l'Ordre des Frères Mineurs ; les Mères Marie-Hermine, Marie de la Paix, Maria-Chiara ; les Sœurs Marie de Sainte-Nathalie, Marie de Saint-Just, Marie-Adolphine, Marie-Amandine, toutes Franciscaines Missionnaires de Marie. Un troisième évêque franciscain, Mgr Fantosati, subissait le même sort bientôt après.

Nous ne parlons que des victimes appartenant à la famille franciscaine. Les autres furent également très nombreuses.

Le Fr. André Bauer était un excellent frère convers de la Province de France : le P. Théodoric Balat appartenait à la Province d'Aquitaine ; il avait revêtu l'habit de saint François à Pau, le 29 juin 1880 (1).

Né à Saint-Martin-du-Taur, près de l'Isle-d'Albi, au diocèse d'Albi, le P. Théodoric missionnait en Chine depuis quatorze ans, lorsqu'il eut l'honneur de répandre son sang pour la foi.

Dans les premiers jours d'octobre, M. l'abbé Veyries, curé de S.-Martin-du-Taur, ancien condisciple et ami du P. Théodoric, célébrait un service funèbre très solennel pour le repos de son âme. A cette

(1) Voir l'intéressant récit de ce martyre dans : *Deux martyrs français de l'Ordre des Frères Mineurs, le P. Théodoric Balat et le Fr. André Bauer, massacrés en Chine, le 9 juillet 1900*, par L. DE KERVAL. — Imp. Franciscaine Missionnaire, 16, route de Clamart, Vanves (Seine). 1903.

LE R. P. THÉODORIC BALAT

occasion, il convoqua le Directeur, les anciens professeurs et plusieurs condisciples du P. Théodoric, et para son église comme pour une fête du ciel. Il eut aussi la délicate attention d'inviter le Provincial d'Aquitaine.

Le P. Othon arriva la veille au soir, ayant pris avec lui le P. Apollinaire comme socius. Ensemble ils allèrent visiter la maison paternelle du martyr : ses parents étaient dans leur éternité. Les deux religieux cherchèrent leur tombe dans le cimetière et leur offrirent en quelque sorte leurs félicitations par leurs prières. La cérémonie du lendemain était véritablement imposante, et pendant plusieurs jours, elle fut le thème des conversations et des lettres du P. Apollinaire. Les prêtres éminents, ainsi que le jeune clergé qui y assistaient avaient été pleins de prévenances. Leur sympathique attention était surtout attirée par la jeunesse et la modestie du P. Apollinaire.

Le Provincial le chargea de faire quelques extraits des lettres du P. Théodoric ; le 19 octobre, il exprimait en ces termes les consolations qu'il avait trouvées dans ce travail :

« TRÈS RÉVÉREND ET BIEN CHER PÈRE,

« Je viens de terminer les lettres du R. P. Théodoric à l'instant même. Comme elles sont belles ! Que de simplicité et de délicatesse dans ces lignes écrites à la hâte, on le voit. Le sentiment qui me reste, ce n'est pas l'admiration ni l'étonnement, c'est l'émotion! et je ne vous cache pas que la lecture de ces manuscrits, qui seront bientôt des reliques précieuses, a augmenté l'intérêt et l'affec-

LE FR. ANDRÉ BAUER

tion que je porte à ce cher martyr, depuis que j'ai eu le bonheur de le connaître par vous, Très Révérend Père, et par les témoignages de ceux qui l'ont connu et aimé. Comme il aimait en vrai religieux, son Ordre, sa Province et ses Supérieurs! On le voit à chaque lettre. Comme il désire tout ce qui est document officiel dans la Province: les Circu-

laires du Très Révérend Père Provincial, en particulier ! Il n'y a pas de lettre où il ne parle de la
Revue Franciscaine et comme il y souligne avec
soin tout ce qui est une gloire pour l'Ordre et
aussi ce qui est pour lui une tristesse ! — Je vous
avoue simplement, mon Très Révérend et bien
cher Père, que ces lettres m'ont fait du bien et je
vous remercie de tout cœur d'avoir bien voulu me
les confier, pour que j'en fasse une copie : cela m'a
permis de les voir plus parfaitement. »

On comprendra que ce travail ne fit qu'aug-
menter les saintes aspirations du P. Apollinaire. Il
avait demandé à partir pour la Chine, quelques
jours après son ordination sacerdotale ; le Provincial
crut devoir lui imposer encore un certain délai.
Toujours homme d'obéissance, le P. Apollinaire
s'inclina devant cette décision et continua joyeusement au Collège son actif et fécond labeur.

Parmi ses collaborateurs se trouvait le P. Henri
Vielle, de Léguevin. L'abbé Vielle était prêtre et
professeur au Petit-Séminaire de Toulouse, lorsqu'il entra dans l'Ordre.

De bonne heure, son âme avait tressailli en entendant parler de François d'Assise et des missions en
pays idolâtre. Des circonstances particulières faisaient que ces sujets devenaient le thème assez fré-
quent des conversations familiales. Parfois il était
alimenté par la visite du T. R. P. Léon, de Clary,
ancien Provincial des Franciscains. Henri écoutait

avec avidité et méditait dans son cœur. Sa pieuse et douce mère, née Françoise de Douhet, fille du dernier descendant des seigneurs de Cassac et Saligoux, se trouvait être la cousine germaine de deux vénérables Clarisses du monastère d'Aurillac, ainsi que de Mgr Baldus, missionnaire lazariste, évêque de Joare, Vicaire apostolique du Hu-Nan et du Kiang-Si, décédé dans sa mission, en 1889. L'abbé Henri vénérait sa mère : il voyait moins en elle la distinction native que l'ensemble des vertus de la femme forte ; il eut la douleur de la perdre au moment où, pensant aux missions, il pressentait pour son cœur de fils la plus grande des immolations.

Son frère, prêtre distingué du clergé toulousain, et, à cette époque, aumônier des Dames du Sacré-Cœur, eut le pressentiment qu'il n'entrait aux Franciscains que pour s'en aller plus tard dans leur mission de Chine. Le jour où l'abbé Henri partait pour le Noviciat de Pau, son cœur ne put réprimer l'expression d'une fraternelle angoisse : « Et au moins, lui dit-il en pleurant, ne va pas plus loin... reste en France... surtout à cause de notre vieux père. » Henri ne répondit rien, fit son Noviciat avec une grande ferveur et devint, lui aussi, professeur au Collège séraphique. Au Petit-Séminaire de Toulouse, il avait montré un réel talent d'éducation. Voilà pourquoi le Provincial l'envoya à Bordeaux. Malgré ses préférences pour la vie de missionnaire, P. Henri, en vrai fils de l'obéissance, s'adonna avec ardeur aux occupations du professorat et à l'œuvre du Collège. Au contact du Père Apollinaire, ses vieilles aspirations vers la Chine se réveillèrent ; le P. Apollinaire réussit à dissiper en lui les scrupules d'une âme délicate, et le P. Henri fit sa demande officielle et formelle pour être envoyé aux Missions franciscaines de la Chine.

En ce moment il n'était plus au Collège ; depuis quelque temps on l'avait nommé aux importantes fonctions de Maître des Novices.

Pendant que le P. Henri faisait son noviciat, arrivait aussi à Pau un autre postulant, dirigé vers les Franciscains par ses apostoliques aspirations. Il se nommait Jean-Claude Clavel, de Saint-Médard, au diocèse de Lyon. Il sortait de l'École Apostolique de Monciel, près de Dôle, pour revêtir la bure franciscaine et s'en aller plus tard, lui aussi, annoncer le Nom de Jésus aux infidèles. On venait d'apprendre la mort subite du P. Anselme, missionnaire franciscain en Chine, profès du couvent de Pau, sujet de grand avenir, à peine âgé de quarante ans ; Jean-Claude Clavel, destiné à remplacer ce vaillant, hérita de son nom. Il fut à la caserne pendant deux ans, à Lyon, tandis que ses deux futurs collègues étaient au Collège séraphique. Frère Anselme supporta l'épreuve de la caserne en bon soldat et en bon religieux, avec un autre étudiant franciscain (1) qui, malgré lui, devint sergent four-

(1) Aujourd'hui le P. Joseph-Marie Gérenton, de Laussonne, aspirant, lui aussi, aux Missions franciscaines de Chine.

rier ; lui, resta caporal. — Le P. Anselme était ordonné prêtre le 22 décembre 1900. Brillant dans ses examens, aimant la prière, esprit primesautier, tournant facilement à une aimable espiéglerie, mais véritable obéissant, le P. Anselme était bien fait pour former, avec le P. Henri et le P. Apollinaire, un séraphique trio.

La chose fut d'autant plus facile que le couvent des Franciscains et le Collège séraphique ne sont séparés que par un mur, dans lequel une fenêtre basse, percée selon toutes les exigences de l'Académie, servait de porte de communication. Le Provincial donna à nos futurs Chinois toutes les permissions de se voir, de se concerter et de s'édifier, aux rares loisirs que leur laissaient leurs devoirs respectifs. Inutile d'ajouter qu'ils en profitèrent de leur mieux.

C'est d'un commun accord qu'ils rédigèrent leur demande séparée, pour aller dans les missions. Le Provincial la communiqua à son Définitoire et, conformément aux Constitutions de l'Ordre, la transmit au Successeur de saint François, avec les notes favorables et la bienveillante appréciation que méritaient les trois candidats.

Nous reproduisons ici simplement la demande officielle du P. Apollinaire :

Collège séraphique de Bordeaux, 15 avril 1901.

T. S. E.   V. † J.   S. e. F.

« Mon Très Révérend Père,

« Je renouvelle une fois de plus, selon votre désir, la demande écrite de pouvoir, dans les limites et avec la consolation de la sainte Obéissance, faire jusqu'au bout la sainte volonté de Dieu.

« Je viens de lire ma demande de l'année dernière, je ne trouve pas un mot à ajouter. Il est bien vrai que c'est devant Dieu et devant ma conscience, uniquement pour obéir à des aspirations que je crois être de Dieu, que je sollicite la faveur, dont je crois comprendre tout le prix.

« Humblement donc, mon Très Révérend Père, je sollicite de vous, de mes Supérieurs que je vénère et que j'aime, la permission de partir pour nos Missions étrangères.

« Vous le savez, l'enthousiasme ou l'imagination ne dictent pas cette décision, déjà ancienne, et, il me semble, éclairée.

« Je crois prévoir tous les déchirements du départ, les difficultés et les misères de l'apostolat des Missions, mais j'ai une immense confiance dans l'aide et la grâce de Dieu, dont j'ai fait tant de fois l'expérience.

« Enfin, mon Très Révérend Père, je suis et resterai toujours, avec la grâce de Dieu, soumis aux volontés et décisions de mes Supérieurs, désireux de faire en tout et pour tout la sainte Obéissance.

« Je vous écris ces choses, Très Révérend Père, uniquement devant Dieu, sans arrière-pensée ou pensée humaine, au pied du crucifix et devant ma conscience de petit Frère Mineur, désireux de faire la sainte volonté de Dieu, toujours, malgré tout et malgré moi-même.

« Votre enfant respectueux et obéissant en Notre-Seigneur et saint François.

« FR. APOLLINAIRE, DE MANCIET, O. F. M. »

Le 14 mai 1901, le R^{me} P. Louis Lauer, Général de l'Ordre, répondait :

« Romæ, maji 14. 1901.

« R. P. Othoni a Pavia, M^{tro} Provinciali. Burdigalam.

« REVERENDE PATER,

« Gratias tibi ac Provinciæ agens de charitate qua Missionum Sinensium necessitatibus subvenire dignamini. »

Le Révérendissime règle ensuite la question des examens, des examinateurs et des notes qui devront être fournies à la S. C. de la Propagande, et il termine ainsi :

« Missionarii in Sinas profecturi sunt circa mensem septembris.

Couvent des Franciscains à Bordeaux, 1896.

« Fausta quæque Paternitati Tuæ, universæque
Provinciæ adprecor, vos omnes amplectens benedi-
censque, præsertim vero tres Patres in Sinas pro-
fecturos ; et maneo add^{mus} in D^{no}

« ALOYSIUS LAUER,

« M^{ter} G^{lis} »

Le 14 juillet 1901, en la fête de saint Bonaventure, à 3 heures de l'après-midi, une affluence considérable de fidèles envahissait l'église des Franciscains de Bordeaux. La nef, les chapelles latérales
et le chœur des religieux étaient littéralement bon-
dés. Son Éminence le cardinal Lecot, archevêque
de Bordeaux, se trouvait là, entouré d'une tren-
taine de prêtres, appartenant au clergé séculier de
la ville. C'étaient les adieux des RR. PP. Henri,
Anselme et Apollinaire : on venait assister à l'émou-
vante cérémonie du baisement des pieds. En quelques mots, le P. Othon évoqua d'abord un souvenir
médiéval qui avait une certaine opportunité : Un
archevêque de Bordeaux, devenu Pape sous le nom
de Clément V, envoyant à la Chine ses premiers
évêques, au nombre de six, dont trois seulement
purent arriver à destination (1) : c'étaient trois
Franciscains, qui consacrèrent le premier métropolitain de Chine et premier archevêque de Camba-
leck, aujourd'hui Pékin : il se nommait Jean de
Montcorvin. Franciscain, lui aussi, depuis de lon-

----

(1) Ils se nommaient Gérard, Pérégrin et André : ils avaient
reçu la consécration épiscopale à Poitiers.

gues années déjà, il fécondait de sa parole et de ses sueurs ce lointain pays.

Visiblement ému, le cardinal Lecot prit ensuite la parole ; dans un discours d'un grandiose véritable, il développa la sublimité de la vocation aux missions, parmi les infidèles, la définissant : *Le geste de Dieu* qui commande et *le geste de l'homme qui obéit*. L'humble église des Franciscains n'entendit jamais un langage plus élevé. Puis, Son Éminence appela auprès de lui les trois missionnaires et les embrassa avec effusion ; l'émotion de l'assistance était à son comble. Si jeunes, si sympathiques, si modestes dans leur attitude, les trois Franciscains, debout sur le marchepied de l'autel-majeur, provoquaient, c'est le mot, l'enthousiasme de l'admiration, uni au sentiment de la vénération que l'on éprouvait, sans doute, aux premiers siècles de l'Église, quand on voyait les chrétiens aller joyeusement au martyre. Dans cette foule on savait, en effet, que l'année précédente, le P. Théodoric, de la Province d'Aquitaine, avait été massacré avec son Évêque, et l'on n'ignorait pas que l'avenir demeurait, en Chine, aussi incertain que menaçant pour les missionnaires que l'on voyait partir.

L'enthousiasme général se traduisit par le chant enlevant du fameux refrain :

> Partez, amis ! Adieu pour cette vie !
> Portez au loin le nom de notre Dieu !
> Nous nous retrouverons un jour dans la Patrie !
> Adieu ! frères, adieu !

Le soir, au Collège Séraphique, avait lieu une fête de famille, tout intime, à laquelle assista le Provincial, entouré de tous les religieux du couvent. Organisée par le P. Godefroy, Directeur du Collége, elle eut toutes les délicatesses, toutes les joies de la *vraie fraternité* et toutes les saintes émotions d'un *au revoir* dans la patrie où la réunion et la félicité n'auront plus de fin... Sous l'habile direction du P. Didace, professeur au Collège, les élèves nous firent entendre des chants délicieux.

La cantate du R. P. Tissot, des Salésiens d'Annecy, eut un véritable succès. Nous la trouvons dans les notes intimes du P. Apollinaire, transcrite de sa main ; nous croyons être agréables à nos lecteurs en la reproduisant ici.

« Une veillée dans une chaumière de la Haute-Savoie. »

Un Missionnaire de l'Hindoustan.

La Mère :

Jean, ne dors pas ; il est à peine nuit.
Sur le dressoir, va prendre les Annales ;
Viens, mon rouet fera si peu de bruit.
Lis doucement.

L'Enfant :

..... « Indes-Orientales. »

Mère, est-ce là que mon cher oncle est mort ?
Serait-ce lui qu'on voit sur la gravure ?
Mais vous pleurez... Moi, je voudrais son sort.
Si j'étais grand, mère, je vous le jure,
Je partirais.

<table>
<tr><td>

LA MÈRE :

Tu partirais
Et que ferait ta mère
Quand, là-bas tu vivrais,
Pauvre missionnaire ?

</td><td>

L'ENFANT :

Je partirais.
Dieu garderait ma mère :
Et, là-bas, je vivrais
Pauvre missionnaire.

</td></tr>
</table>

LA MÈRE :

Il me parlait comme toi, mon enfant,
Quand, tout petits, nous lisions les Annales.
Je m'en riais ; mais un jour, triomphant,
Il est parti.

L'ENFANT :

Mère, faites mes malles.
Bientôt, bientôt, je serai grand aussi.
Je vais me mettre au latin et peut-être,
En priant bien, les Pères d'Annecy
M'adopteront. Je veux devenir prêtre,
Je veux partir.

<table>
<tr><td>

LA MÈRE :

Tu veux partir,
Et que fera ta mère ?
Là-bas, veux-tu souffrir,
Pauvre missionnaire.

</td><td>

L'ENFANT :

Je veux partir,
Dieu gardera ma mère
Là-bas je veux souffrir
En bon missionnaire.

</td></tr>
<tr><td>

LA MÈRE :

Non, ne pars pas,
Veux-tu laisser ta mère
Et mourir, seul, là-bas,
Pauvre missionnaire ?

</td><td>

L'ENFANT :

Ne pleurez pas,
Jésus nous reste, ô mère !
Je mourrai dans ses bras,
Heureux missionnaire.

</td></tr>
</table>

L'Enfant :

                Indes-Orientales,
A vous mon sang, ma vie et mon amour !
Bénissez-moi, ma mère, et bon courage !
Priez pour moi. Les Annales, un jour,
Vous porteront mon nom et mon image !
        Adieu ! je pars.

L'Enfant :	La Mère :
Au Nom de Dieu !	Au nom de Dieu
Bénissez-moi, ma mère, !	Sois béni par ta mère !
Adieu, ma mère, adieu !	Adieu, mon fils, adieu !
Je suis missionnaire.	Sois bon missionnaire.

Le surlendemain, les trois missionnaires étaient prosternés à Lourdes, devant la Grotte bénie. Ils se consacraient à l'Immaculée avec tous leurs désirs, toutes les âmes qu'ils allaient évangéliser, enfin, avec toutes les épreuves qui les attendaient. Chacun d'eux pensa tout spécialement à sa famille et demanda pour elle à la Consolatrice des affligés, la générosité du sacrifice.

M. l'abbé Tajan, curé de Manciet, pensa, avec raison, lui aussi, à démontrer à ses paroissiens que la vocation à l'apostolat parmi les infidèles n'était pas un vulgaire et banal voyage en Chine ; il voulut, en conséquence, donner un grand éclat aux adieux de son jeune et bien-aimé paroissien. La solennité eut lieu le dimanche 11 août. A l'heure des Vêpres, une foule extraordinaire emplissait l'église ; dans le sanctuaire, le jeune mission-

Église de Manciet.

naire apparaissait entouré d'un nombreux clergé dans lequel figuraient plusieurs de ses anciens maîtres et de ses condisciples d'Éauze et d'Auch. Le sermon de circonstance fut donné par M. l'abbé Salles, Directeur au Grand-Séminaire et compatriote du P. Apollinaire. C'est en termes véritablement éloquents que l'orateur célébra la grandeur et la sainteté de l'apostolat, l'héroïsme des ouvriers évangéliques, disant adieu à leur famille et à leur pays pour s'en aller sauver des âmes.

Après le sermon, le clergé baisa les pieds du missionnaire et toutes les femmes défilèrent à la Table de communion pour baiser son crucifix. On disait à Manciet ce que l'on disait à Bordeaux, au couvent des Franciscains, trois semaines auparavant : « On n'avait pas encore vu une fête aussi belle. »

Quelques instants après, l'École libre de Manciet donnait également une petite séance en l'honneur du missionnaire. Le bouquet de la fête était réservé à Berthe Dufrançois, la sœur du P. Apollinaire, jeune enfant, à peine âgée de sept ans. Elle lut à son frère comme un discours d'adieu, tout embaumé de piété, mais aussi tout débordant de tendresse fraternelle ; on devine l'émotion du religieux et de toute l'assistance.

Brisé par cette émotion et accablé par les fatigues des jours précédents, consacrés à des visites et à des voyages incessants, le P. Apollinaire se sentit subitement indisposé et comme foudroyé par un abondant crachement de sang.

Appelé en toute hâte, le médecin le condamna à un repos absolu jusqu'à nouvel ordre. Qui nous dira la déception douloureuse de cette âme d'apôtre? elle eut toute l'amertume des grands sacrifices imprévus. Toutefois, notre jeune missionnaire prononça aussitôt le *fiat* et resta calme sous la main de Dieu qui semblait s'appesantir sur lui.

M. le Curé de Manciet en écrivit immédiatement au P. Othon. Sa lettre dépeignant sa tristesse et celle du nombreux clergé qui l'entourait, disait que cette tristesse n'avait d'égale que l'admirable résignation du malade.

Le surlendemain, M. l'abbé Gendre, vicaire de Manciet et ami personnel du P. Apollinaire, donnait encore des nouvelles au Provincial, et revenait sur la magnifique fête du 11 août, qui s'était finie en quelque sorte dans les larmes de la plus douloureuse angoisse. Nous détachons de cette lettre les passages suivants :

Manciet, le 13 août 1901.

« Bien Révérend et cher Père,

« ... Quand Dieu veut quelque chose, vous savez mieux que moi comment nous devons l'accepter... Le docteur, pressé par notre cher malade, lui a déclaré par deux fois, que très probablement, *son départ devait être retardé d'un mois.*

« Soyez sans inquiétude, bien Révérend Père, sur les sentiments du bon P. Apollinaire. Il fait généreusement ce sacrifice et accepte très religieusement la volonté de Dieu… Il trouve là un grand sacrifice, mais il l'accepte bien et se confie à la Providence de Dieu et à votre tendre sollicitude, pour décider tout ce qui peut être jugé opportun. Dieu soit béni en tout ! » répète-t-il souvent… Il serait encore plus fortifié si vous vouliez, Très Révérend Père, lui donner votre bénédiction et le recommander aux prières des deux autres heureux Missionnaires et des Novices.

« Daignez agréer, Très Révérend et bien cher Père, l'expression des sentiments respectueux de votre bien dévoué en N. S. Jésus-Christ. »

« René Gendre,
« Vic. de Manciet. »

Le Provincial arriva bientôt, lui aussi, pour se rendre compte de son état : il trouva le malade souriant, comme d'habitude, disposé à parler avec ferveur des choses du ciel et de l'apostolat, mais disposé aussi à rire un bon coup en parlant de certaines choses de la terre. On fit l'un et l'autre, et devant l'affirmation de vouloir partir quand même pour la Chine, le P. Othon exigea une déclaration, ou mieux un consentement du médecin.

Le dévouement de cet excellent docteur, le repos absolu et surtout les soins maternels, triomphèrent rapidement de cette fatigue. Le P. Apollinaire reprenait tout doucement la récitation de l'Office canonial, la célébration de la sainte Messe et ses visites au saint Sacrement, qu'il avait dû sacrifier pendant huit ou dix jours. Ses lettres au Provincial révèlent combien son âme était privée et atteinte par l'abstention de ces saints exercices; mais le médecin avait parlé, et il avait ordre de lui obéir comme à son Supérieur.

Un mois s'était écoulé depuis la terrible crise du 11 août; le médecin avait donné son consentement. Le 12 septembre, en la fête de son glorieux Patron, le B. Apollinaire Franco, martyr franciscain du Japon, notre Franciscain de Manciet écrivait à son Provincial :

Manciet, le 12 septembre 1901.

T. S. E.   V. † J.   S. e. F.

« Très Révérend et bien cher Père,

« Je vous ai déjà dit plusieurs fois que ma santé s'améliorait de jour en jour, que les forces revenaient assez rapidement. Aujourd'hui, il m'est possible d'affirmer que je me sens bien : je mange comme autrefois, et vraiment bien : — je dors bien aussi ; je ne transpire plus comme autrefois pendant la nuit. — Après Dieu, je dois certainement l'heureux état dans lequel je me trouve, au dévouement du bon docteur qui m'a soigné et à ma si bonne mère dont vous n'imaginez pas les petits soins !

« Mon Très Révérend et bien cher Père, pour

être absolument vrai, je dois vous dire que je tousse encore. C'est un reste tout naturel de la secousse du 11 août ; mais je tousse de moins en moins.

« Ces choses exposées en toute simplicité et vérité, je crois devoir à ma conscience qui la réclame, la démarche que je fais aujourd'hui. Mon Très Révérend Père, l'épreuve, loin d'avoir fait taire dans mon âme les aspirations vers la vie des missions, aspirations que vous connaissez, n'a fait que les affermir, si c'est possible. Aussi, en toute humilité, simplicité et soumission entière à votre décision, je viens encore une fois solliciter de votre Paternité la faveur dont je suis bien indigne, de suivre jusqu'au bout ce que je crois être ma vocation. Encore une fois, je m'en remets à la sainte Obéissance, à laquelle je veux toujours m'attacher comme à une bonne mère.

« Puisse Dieu et sa sainte volonté vous inspirer ce qui convient le mieux à mon âme ; mais mon vif désir, vous le savez, est de pouvoir m'embarquer le 29 septembre avec mes deux bien-aimés compagnons et frères.

« Bénissez-moi, mon Très Révérend Père ; je veux toujours être votre fils respectueux et soumis en Notre-Seigneur et saint François.

« FR. APOLLINAIRE, O. F. M. »

Pendant que le P. Apollinaire écrivait ces lignes, le P. Othon, étant aux Grottes de Saint-Antoine, à

Brive, recevait, pour lui, de Rome les lettres d'obédience par lesquelles le Successeur de saint François l'envoyait dans les missions de Chine. Le
départ de Manciet fut fixé au vendredi 20 septembre ; P. Apollinaire était avisé d'avoir à rejoindre
son Provincial ce jour-là, à la gare de Port-Sainte-
Marie. Il demeurait arrêté qu'après une station
au couvent de Béziers, on se rendrait directement
à Marseille, où le P. Apollinaire attendrait avec les
PP. Henri et Anselme le jour de l'embarquement.

Cette décision combla de joie notre jeune Franciscain. Après une lettre de remerciements, écrite
comme accusé de réception, il envoyait encore le
lendemain au P. Othon la lettre suivante :

Manciet, le 16 septembre 1901.

Anniversaire de ma Prise d'habit.

T. S. E.   V. † J.   S. e. F.

« TRÈS RÉVÉREND ET BIEN CHER PÈRE,

« Pardonnez-moi, je vous prie, le retard de cette
lettre. Ces jours passés, par les soins du cher M. le
Curé, ont été pleins jusqu'au bord : tout juste le
temps de dire le saint Office et de faire les exercices
de prière essentiels, m'a été laissé entre les promenades à pied ou en voiture. C'est ce qui m'a fait
renoncer au bonheur de vous conter tout au long

et avec les détails convenables notre voyage à Cravencères ; tous les deux, avec M. le Curé de Cravencères, sur un *bourriquet*, conduit par lui, figurez-vous le tableau ! Quel original et joyeux voyage !
Je vous réserve tous ces détails pour vendredi.

« Merci aussi et de tout cœur de l'obédience et
de la feuille de pouvoirs que vous avez bien voulu
m'adresser. Comme vous, j'ai béni la Providence
qui vous a fait parvenir ces feuilles tout juste le
jour de la fête de mon bienheureux et bien-aimé
Patron, à Brive.

« Merci enfin, Très Révérend et bien cher Père,
des vœux de bonne et sainte fête que vous avez
formés devant Dieu pour votre enfant. Merci tout
à fait du cœur en particulier pour le saint Sacrifice
que vous avez offert à notre intention. Mes bien-
aimés parents ont été bien sensibles à cette faveur ;
merci, et pour eux et pour moi.

« Je verrai le docteur aujourd'hui ou demain ; il
n'est pas facile de le joindre ! Je vous porterai un
certificat dans les formes. J'espère qu'il n'aura pas
grande difficulté à me le donner, car je suis de
mieux en mieux.

« Notre départ pour vendredi est définitivement
réglé. Le si bon M. le Curé m'accompagne jusqu'à
Port-Sainte-Marie. Une voiture fermée d'Éauze
viendra nous prendre à 4 heures 3/4 ; quelque
membre de ma famille m'accompagnera au moins
jusqu'à Éauze...

« Bénissez-moi, ainsi que ma chère famille.

« Votre enfant bien affectueux et obéissant en Notre-Seigneur et saint François,

« FR. APOLLINAIRE, O. F. M. »

Tout se passa selon qu'il avait été réglé. Les parents du P. Apollinaire furent admirables à l'heure de la séparation. Et cependant, combien était plus grand qu'en 1896 le sacrifice qu'ils faisaient ! Plus que jamais leur fils se montrait digne de leur tendresse, presque de leur vénération ; il était vraiment leur gloire et leur consolation... Il partait, non plus pour le Noviciat de Pau, mais pour la Chine, d'où il semblait bien probable qu'il ne reviendrait plus... Mais, comme leur fils, ils regardaient en haut : eux aussi, dans la plus grande immolation de leur cœur, ils voulaient la volonté de Dieu.

Pendant les cinq semaines qu'il passa auprès d'eux, P. Apollinaire admira cette transformation opérée par la grâce, cette force surnaturelle s'alliant avec le sentiment du plus douloureux des sacrifices. Dans chacune de ses lettres, il fait allusion à cette générosité : « Mes parents sont toujours « bien chrétiens, bien grands en face de l'épreuve. » Telles sont généralement les expressions qu'il emploie toutes les fois qu'il parle d'eux. « Ma mère, « racontait-il au P. Othon, venait me réveiller tous « les matins, pendant les premiers quinze jours de « ma fatigue ; sa voix résonnait dans ma chambre « comme une douce harmonie... mais ce qui m'é-

« tonnait par-dessus tout, c'étaient ses paroles
« encourageantes ; elle paraissait en quelque sorte
« désireuse de me voir bientôt guéri, afin de me
« voir partir pour la Chine... et certainement qu'elle
« était portée à un désir contraire... à me voir
« rester dans le pays. Oh ! que Dieu est bon ! Que
« la grâce est puissante ! »

Un jour qu'il était seul avec M. le Curé, il donna
libre cours à ses larmes : « Pauvres parents ! s'é-
criait-il, que je vais les faire pleurer .. Oh ! s'ils
savaient comme je les aime et comme je souffre de
les quitter ! Mais Dieu m'appelle. Je suis avant tout
à lui. Que son saint Nom soit béni ! »

Le jour de son départ, ses amis vinrent en foule
l'embrasser pour la dernière fois. Comme quelques-
uns lui disaient : « Au revoir ! » il se contenta de
leur montrer le ciel (1).

M. le Curé de Manciet l'accompagna jusqu'à
Port-Sainte-Marie, où il rejoignit effectivement le
P. Othon. On passa quarante-huit heures au cou-
vent de Béziers ; le 24, on était à Marseille ; les
PP. Henri et Anselme étaient déjà arrivés depuis
quelques jours.

Grande fut leur joie en se voyant réunis pour
s'envoler enfin au pays de leurs rêves apostoliques !

Le 6 août, ils s'étaient séparés au couvent de
Brive ; le P. Apollinaire avait eu la joie d'y voir

(1) *Semaine religieuse* de l'archidiocèse d'Auch, 9 juillet
1904, page 576.

Saint-Antoine de Padoue, a Brive *(vue d'ensemble)*
Orphelinat, Hospitalités, Couvent des Franciscains, Grottes, Chœur et Église.

pour la dernière fois son ancien Maître de Noviciat, le P. Célestin-Marie, qui en était le Gardien
actuel. Après avoir voulu, par un sentiment de
filiale reconnaissance, servir la Messe à leur Provincial, dans la grotte de Notre-Dame de Bon-
Secours, chacun d'eux avait marché à la redoutable épreuve des adieux aux parents. Au 24 septembre, ils se retrouvaient *joyeux d'avoir souffert,
pour le Nom de Jésus,* la souffrance du cœur.
P. Henri laissait son vieux père dans une grande
désolation, rendue à peine supportable par le tendre
dévouement de son fils, l'abbé Célestin Vielle.
P. Anselme avait failli recevoir le dernier soupir
de sa mère bien-aimée qui, malgré un mieux rassu-
rant, demeurait encore grandement affaiblie par la
maladie. Nous connaissons les sacrifices du P. Apollinaire.

Le P. Bonaventure, Supérieur du couvent des
Franciscains de Marseille, leur prodigua tous les
soins de la plus fraternelle hospitalité. Ils se
trouvaient là dans la Province de Saint-Bernardin,
Malgré ses nombreuses occupations, le T. R. P. Léon,
de Malay, Provincial de cette Province, vint tout
exprès de Monaco pour passer quelques heures
avec eux et les combler en quelque sorte des
témoignages de sa bienveillance.

La Révérende Mère Abbesse du monastère des
Clarisses ne contribua pas peu, avec sa communauté, à compléter le trousseau de nos mission-

naires. Elle obtint de Monseigneur l'Évêque la
faveur de les introduire dans la salle capitulaire,
et nos missionnaires purent admirer cette communauté possédant la bénédiction du nombre, qui
suppose toujours la ferveur.

Semblable consolation leur avait été accordée à
Azille, au diocèse de Carcassonne. La Révérende
Mère Abbesse obtint que les missionnaires vinssent
bénir sa jeune communauté. Bien jeune, en effet,
puisqu'elle était à peine âgée de dix ans; mais
l'humble colonie, envoyée à Azille par le monastère d'Orthez, s'était multipliée au point d'être
presque aussi nombreuse que la fervente communauté dont elle avait été détachée et qui elle-même
comptait à peine vingt ans d'existence. Fondé en
1891 par le R. P. Jules du Sacré-Cœur, Définiteur
de la Province d'Aquitaine, avec ses fenêtres ogi-
vales, ses cloîtres gothiques, son chœur intérieur et
sa belle psalmodie, le monastère d'Azille fut pour
les missionnaires comme une apparition du moyen
âge. Saint-Damien de Marseille et Sainte-Claire d'A-
zille devinrent pour eux comme une image vivante
de la communauté dont était entourée la séraphique Mère sainte Claire, à Assise.

Les trois missionnaires prirent passage à bord
de l'*Ernest-Simons*, l'un des plus grands bateaux de
la Compagnie des messageries maritimes, mesurant
145 mètres de long sur 17 ou 18 de large. Le dimanche 29 septembre, en la fête de l'archange
saint Michel, après avoir fait leurs dévotions à

Notre-Dame de la Garde, les trois missionnaires montèrent à bord ; à 5 heures du soir, l'*Ernest-Simons* levait l'ancre.

A bord du même bateau se trouvaient aussi deux Franciscains de la Province de Belgique, le P. Séraphin et le P. Cassien ; celui-ci avait déjà passé plusieurs années en Chine ; il était revenu en Belgique pour ramener la dépouille du P. Victorin, religieux de la même Province, et dont le P. Apollinaire lui-même nous a raconté plus haut le glorieux martyre (1). Le P. Séraphin était un tout jeune Père qui avait brigué l'honneur d'aller remplacer ce vaillant d'Israël dans les pacifiques conquêtes de l'Évangile.

(1) Voir l'intéressante brochure : *Un nouveau martyr franciscain. Le P. Victorin, Frère Mineur, martyrisé en Chine le 11 décembre 1898.* — Imp. Franciscaine Missionnaire, 16, route de Clamart, Vanves (Seine). 1899.

IV. — LE MISSIONNAIRE

La traversée. — La Chine. — Dernière immolation.

La suite de ce récit appartient désormais au
P. Apollinaire lui-même. *Le style c'est l'homme*,
dit-on ; le P. Apollinaire se dévoile dans ses lettres
tel qu'il était : toujours pieux, mais d'une piété
aimable et naturelle, toujours gai, toujours affectueux pour ses parents et amis, et toujours bon
pour tous.

L'une de ses résolutions du Noviciat était de ne
pas écrire de lettre pour le plaisir d'écrire. Selon
le conseil de saint Bonaventure, il ne voulait rien
faire que par un motif de charité ou d'utilité. Se
préoccupant donc de consoler ses parents, d'être
agréable à ses Supérieurs, d'instruire ses amis et de
répondre à ceux qui lui écrivaient, il écrivit pendant ces trente mois de longues et nombreuses
lettres qui, à elles seules, pourraient former un
gros volume aussi intéressant qu'édifiant. Nous
nous permettons de voir en cela un dessein de la
Providence. Le P. Apollinaire continuera, par ses
lettres, l'apostolat qu'il avait exercé par ses paroles et par ses exemples.

Ne pouvant reproduire toutes ces lettres, nous avons fait un choix ; généralement nous ne donnons que des extraits de celles que nous avons choisies. Pas une de ces pages dans lesquelles il n'y ait cette exclamation : « Oh ! que Dieu est bon pour moi ! » pas une dans laquelle il ne montre une tendresse véritable, mais tout apostolique pour les pauvres païens qui l'entourent.

Nous l'avons déjà dit, toutes ses lettres portent en initiales l'en-tête que nous avons cité aux premières pages de ce travail, *Vive Jésus ! Je suis vôtre ! Doucement et fortement.* — La relation qui suit a été copiée dans ses notes privées.

En route pour notre Mission de Chine.

Souvenirs et impressions.

« S'il est un moment pénible dans les derniers sacrifices et les séparations du missionnaire, c'est bien celui qui l'arrache à sa patrie, sur le bateau qui s'éloigne insensiblement, peu à peu, du rivage. Alors une émotion profonde étreint son âme, les larmes lui montent aux yeux, le souvenir de tout ce qu'il laisse s'offre à son esprit, et si des personnes chères l'ont accompagné au port, elles sont le dernier fil qui l'attache encore à la patrie et il les salue jusqu'à ce que la distance l'empêche de les distinguer. Ce moment, pénible pour la nature, solennel pour le missionnaire, car c'est l'instant du sacrifice suprême, sonna pour nous le 29 septembre 1901, à Marseille, à 4 heures du soir.

« Le T. R. P. Othon, qui a eu pour nous, toujours, mais d'une manière particulière durant les jours qui précédèrent le 29 septembre, les sollicitudes, les attentions, les tendresses d'une vraie mère, voulut bien encore nous accompagner au port, nous installer dans le bateau et bénir notre cabine. Il est resté sur le rivage, entouré de M. l'abbé Vielle, le si digne et vénérable frère du P. Henri, de nos bons Pères de la Résidence de Marseille, qui avaient voulu nous dire un dernier adieu au port. Quand le bateau se fut un peu éloigné, nous nous mîmes à genoux sur le pont et le Très Révérend Père nous bénit encore une fois; puis, peu à peu, le port disparut et, quand nous nous relevâmes, nous pleurions tous les trois : « C'est pour Dieu! » fut la première parole qui sortit de nos lèvres, et bien émus, nous nous tournâmes vers Notre-Dame de la Garde, dont la chapelle, la tour et la statue dorée dominent Marseille et surplombent la mer; nous récitâmes ensemble le *Magnificat* et l'*Ave maris Stella*; puis, réconfortés par cette prière du cœur, nous regardâmes la terre de France jusqu'à ce qu'elle disparût à nos yeux. Il y a des choses que l'on ne peut pas exprimer, des sentiments intimes que la plume est incapable de rendre; il vaut mieux se taire alors, ceux qui connaissent nos cœurs comprendront ce qui se passa en nous pendant ces quelques heures;

grâce à Dieu, le sentiment religieux dominait ces émotions naturelles et nous bénissions Dieu avec amour et reconnaissance.

« A la nuit tombante, nous étions déjà loin de Marseille, et notre beau bateau l'*Ernest-Simons* filait avec une bonne vitesse. Par malheur, la mer, un peu agitée, se mit à nous secouer d'importance. Le redoutable tangage se fit bientôt sentir et, deux ou trois heures à peine après notre départ, nos deux chers compagnons, le P. Henri et le P. Anselme, payaient tribut à la mer. Oh ! ce ne devait pas être la dernière fois, hélas ! Le terrible mal de mer fit bien d'autres victimes ; j'eus le bonheur d'être épargné et d'ailleurs, jusqu'à la fin, une bonne Providence que je bénis de tout mon cœur m'a préservé de ce terrible mal.

« Pendant la nuit, la mer avait retrouvé son calme et, le lendemain, tout le monde était debout. Nous pûmes célébrer pour la première fois la sainte Messe dans notre cabine. Cette consolation, que l'on ne peut bien apprécier que lorsqu'on a passé par la situation qui nous a été faite pendant quarante-huit jours, nous l'avons eue tous les matins de notre longue traversée, sauf trois ou quatre fois.

« La journée du 30 fut excellente pour nous ; en passant, nous saluâmes la Corse dont l'aspect n'est guère poétique ; la côte, toute formée de rochers escarpés et de montagnes arides, doit cacher modestement aux yeux des passagers cet intérieur, paraît-il, si beau, dont j'ai entendu tant de fois faire des descriptions d'une poésie achevée! Peut-être que c'est vrai, mais les apparences sont bien trompeuses.

« Nous saluons aussi la Sardaigne que nous apercevons dans le lointain. Après le détroit de Bonifacio, vers 9 heures du matin, nous ne voyons plus que ciel et eau, spectacle nouveau pour nous et particulièrement saisissant. Après une nuit très calme, la journée du 1er octobre fut splendide. Vers 7 h. 1/2, nous étions en face du Stromboli, volcan mal éteint que nous avons longé pendant assez longtemps. Le sommet de la montagne était couronné de fumée et laissait couler sur son flanc, du côté de la mer, de la lave incandescente, reconnaissable à la trace de fumée qu'elle laissait derrière elle. Le sommet et un des côtés sont absolument arides ; un versant a quelque verdure et le petit village de Stromboli, avec ses jolies maisons blanches, se trouve là, inspirant quelque pitié aux passagers qui ne peuvent pas regarder sans crainte le formidable volcan, toujours en activité, qui le surplombe. Les îles Lipari apparaissent à peine disséminées, très loin, à l'horizon. Vers 10 heures, nous entrions dans le magnifique détroit de Messine, longeant l'Italie à notre gauche, et la Sicile à notre droite. La côte de Sicile l'emporte comme beauté, comme pittoresque, richesse de végétation et de paysage. »

Au P. Othon :

De l'Ernest-Simons, 3 octobre 1901.

« Très Révérend et bien-aimé Père,

« Je ne vous écrirai pas longuement : je viens d'écrire à Manciet, et la mer est mauvaise ! Je n'en puis presque plus. Mieux que n'importe qui, vous saurez me comprendre.

« Je ne vous dirai rien des sentiments qui se pressèrent dans nos cœurs, et le mien en particulier, quand vous disparûtes à nos regards et quand la terre de notre chère France disparut à son tour. Le bon Dieu a dû bénir ces sacrifices faits uniquement pour lui !

« Mes deux bien-aimés compagnons ont été pris par le mal de mer dès le soir même et pendant la nuit. Le bon P. Henri ne s'est guère relevé de cette première secousse. Cependant, jusqu'au détroit de Messine, la mer a été bonne ; mais, hélas ! depuis la sortie du détroit, un vent malheureux ébranle presque continuellement notre bateau. Le tangage est surtout fort depuis hier au soir et ce sont de tous côtés des restitutions..... abondantes ! Je ferme les yeux, le nez et les oreilles, et le bon Dieu aidant (il a été si bon pour moi jusqu'ici !) je n'ai pas encore payé le tribut à la mer. J'assiste fidèlement à tous les repas et je mange bien. Je soigne tant que je puis le bon P. Henri, car je suis le plus fort des trois encore !

« Nous avons pu célébrer tous les jours, sauf ce matin. La mer était trop démontée : nous avons cru prudent de sacrifier ce grand bonheur. Il faut s'habituer à tout ! Nous n'avons guère que des protestants à bord, surtout des Anglais ; heureusement que les moines sont en nombre..... Que le bon Dieu me continue sa protection si manifeste.

« Fr. Apollinaire, O. F. M. »

Au même :

« Près d'Aden, 8 octobre 1901.

« Envoyez une bénédiction particulière à la Mer Rouge : elle le mérite bien. Comme les Hébreux et plus heureux qu'eux, nous l'avons traversée dans toute sa longueur à pied sec, et... sans le moindre mal de mer, surtout. Elle a été aussi clémente qu'on pouvait le désirer. Sans doute, les trois derniers jours surtout, il a fait une chaleur considérable : tout le monde est en nage ; quelques-uns même n'ont pu dire la sainte Messe hier ; plus heureux qu'eux, nous n'avons pas cessé de célébrer chaque matin : quel bonheur ! Je suis à peu près comme tout le monde : mangeant comme un et dormant comme deux. Jusqu'ici le bon Dieu est bien bon pour moi : Il voulait que je fisse cette traversée. Sans doute, je sens un peu de fatigue, mais je suis convaincu que beaucoup sont plus fatigués que moi.

« Nous n'avons pas revu le mal de mer depuis

avant Port-Saïd, et les quelques heures que nous avons passées avec nos bons Pères nous ont rendu les forces physiques et morales qui commençaient à nous faire défaut. Nous avons été reçus à bras ouverts par le R. P. Gardien du couvent, le jour même de la fête de notre Séraphique Père ; cette coïncidence n'a pas été indifférente pour nous et ce n'est pas sans une joie singulière que nous avons pu nous agenouiller au pied de l'autel, devant le très saint Sacrement et la relique de notre Séraphique Père. Le P. Joseph de Caen et deux Frères convers français ont été particulièrement aimables. Nous avons dîné chez nos Pères, malgré le peu de temps que nous avons eu à passer à terre : de 9 heures 1/2 à midi. Le lendemain matin, samedi, nous nous sommes réveillés à Suez, à l'autre extrémité du canal, avec la bonne, la chère, l'excellente, etc., etc., Mer Rouge en face. J'ai lu le passage de la Mer Rouge par les Hébreux, à peu près à l'endroit où les historiens prétendent qu'il s'est opéré. J'ai fait revivre dans mon esprit un spectacle grandiose ! J'ai pensé aussi, en bénissant le bon Dieu, à cette phrase que vous avez répétée souvent : « Si vous étiez parti le 25 août, vous alliez sûre- « ment rejoindre les soldats de Pharaon, engloutis « sous les eaux. » Il paraît, en effet, que la Mer Rouge est épouvantable aux mois de juillet, août et au commencement de septembre ; d'après les marins, notre traversée est la meilleure, à bien des titres. Encore une fois, comme le bon Dieu est bon !

« Malgré tout, vous le devinez, il nous tarde bien d'arriver au terme désiré, et cependant, il est encore bien loin !.....

« Depuis trois jours, nous n'avons pas revu la terre : nous n'apercevons que ciel et eau. Ce serait monotone à la fin, mais le bon Dieu est si bon... hier, vers 4 heures, s'abattaient sur notre bateau toute une bande d'hirondelles. Aussitôt tous les visages se sont épanouis ! Les pauvres bêtes étaient harassées et dévorées par la soif : elles volaient autour de nous, se posaient sur nos chaises, se laissaient prendre et caresser. Tout le monde s'est empressé de leur procurer de l'eau douce et de les faire boire. Ce matin, après une nuit de repos, elles volent autour de notre bateau et nous réjouissent fort, comme vous le devinez. Peut-être qu'elles viennent de notre chère France ! »

Au même :

Bombay, 15 octobre 1901.

« Je vous écris de Bombay, sur le pont du bateau, au pied duquel grouillent une bande de négrillons. Nous sommes ici depuis hier vers midi....

« La traversée d'Aden à Bombay a été assez bonne, sauf toujours pour le P. Henri, dont les restitutions multiples à la mer, nous donnent à croire qu'il a dû contracter bien des dettes..... en Europe ! Malgré tout, sur terre, tout est oublié et

l'on se délasse un bon coup de temps en temps......
Je termine, bien-aimé Père ; laissez-moi vous saluer
dans la Ville éternelle (1), où vous n'oubliez pas
vos trois pauvres Chinois. Demandez, je vous prie,
pour votre enfant, à saint Pierre et aux martyrs,
qu'il fasse toujours la volonté de Dieu, dans la
santé, la maladie et la mort, quelle qu'elle puisse
être. Si le corps défaille, que l'âme soit toujours
grande et pure : je ne crois pas désirer autre chose
à cette heure.

« Bénissez-moi, bien-aimé Père, et croyez bien
que toujours, je serai votre enfant, petit mais
affectueux comme un grand, en Notre-Seigneur et
saint François.

« FR. APOLLINAIRE, O. F. M. »

Au même :

De Colombo, 22 octobre 1901.

« Je vous écris ces lignes de la procure de Colombo où un malheureux contretemps nous a
cloués. Un bateau, venant de Marseille, devait nous
rejoindre ici dimanche dernier, 20 octobre, et nous
devions repartir le lendemain, 21 octobre. L'*Ernest-Simons*, à la hauteur de ses passagers et
digne d'eux......, est arrivé samedi, vers 11 heures
du matin. Un docteur anglais ayant constaté que

(1) Le P. Othon venait d'être appelé à Rome en qualité de
Définiteur général de l'Ordre.

RELIGIEUSES FRANCISCAINES MISSIONNAIRES DE MARIE
massacrées à Taï-uien-fou, le 9 juillet 1900.

nous n'avions pas la peste, (quelle comédie!) il
nous a été permis de mettre le pied sur la terre
ferme, à la joie du P. Henri que le mal de mer ne
quitte pas un seul jour sur mer... Notre première
visite en quittant le bateau a été pour les bonnes
Sœurs Franciscaines, qui nous ont reçus avec
grande joie : sur vingt et une, dix sont Françaises,
aussi vous devinez la multitude des questions qui
nous furent posées pendant les instants que nous
passâmes près d'elles. Hier, nous sommes revenus
pour leur rendre visite, et elles nous ont fait par-
courir toutes les salles de leur immense hôpital,
qui a bien 6 à 700 mètres de long sur autant de
large, — les salles sont reliées par des galeries en
couloirs, — le tout parfaitement aéré, simple et
propre. — Nous avons rencontré là toutes les misères humaines : les bonnes Sœurs m'ont fait grâce
de certaines salles dont l'air empesté aurait pu
m'incommoder. Pauvres bonnes Sœurs ! elles sont
là au milieu de ces centaines de malades qui n'ont
rien d'attrayant, je vous l'assure, comme des anges,
souriantes, joyeuses, bien animées de l'esprit de
notre Séraphique Père. Nous nous sommes retirés
vraiment édifiés, et en bénissant Dieu de faire de
pareilles merveilles de charité. Je ne connaissais
pas les Franciscaines Missionnaires de Marie, mais
j'ai déjà jugé qu'elles étaient admirables, et je me
réjouis d'avance de les trouver dans notre Mission.

« Les bonnes Sœurs, malgré leur désir, ne
pouvaient nous recevoir chez elles ; elles nous

.confièrent à leur domestique, qui nous conduisit à l'évêché qui est à quelques mètres de l'hôpital. On nous amena au Père Procureur qui nous reçut bien, nous fit prendre quelque chose et nous donna une des salles de la Procure nouvellement bâtie. Le lit est très simple et facile à faire : une natte étendue sur un montage en bois, un drap de lit pour se couvrir, deux oreillers et une..... moustiquaire. Je vous assure que ce dernier instrument n'est pas de luxe, et j'ai bien des fois pensé à vous en entendant les vilaines bêtes que vous connaissez faire une musique autour du lit !.....

« Monseigneur l'archevêque, Marie-Théophile Mélizan, a été très bon pour nous, ainsi que son aimable coadjuteur, Mgr Couderc. »

Du détroit de Malacca, 28 octobre 1901.

« Nous avons quitté Colombo, vendredi soir, vers 6 heures, après huit jours de séjour. Ces huit jours ont été très heureux, mais nous étions aussi heureux de continuer notre route. En sortant du port, la mer a été un peu agitée, cela a suffi pour mettre le bon P. Henri hors du combat : il est entendu que le mal de mer ne le quittera pas jusqu'à Tché-Fou. Il excite la compassion de tout le monde sur le pont, et il la mérite bien, car il supporte avec une résignation vraiment religieuse le mal terrible *que vous connaissez*. Je bénis le bon

Dieu de tout cœur de ne pas être affligé de cette
épreuve, qui m'aurait certainement terrassé si je
l'avais eue avec quelque intensité. Comme le bon
Dieu est bon d'avoir pitié des petits ! »

Au P. Othon :

Tché-Fou, (Alleluia !) 17 novembre 1901.
Alleluia ! Alleluia !

« TRÈS RÉVÉREND ET BIEN CHER PÈRE,

« Nous voici enfin au terme de notre long et
pénible voyage : que le bon Dieu a été bon pour
nous, et surtout pour moi ; je ne sais comment le
remercier, et je compte sur votre précieux concours. — La fin de notre voyage, depuis Saïgon en
particulier, a été plus pénible que le commencement, jusqu'à Colombo. Après Saïgon, la mer a été
plus agitée : il paraît que nous avons eu la queue
d'un typhon que nous aurions eu à essuyer si nous
n'avions pas eu l'arrêt providentiel de Colombo :
Dieu soit encore et toujours mille fois béni !

« Vraiment, je me demande comment j'aurais pu
supporter le quart de l'épreuve du bon P. Henri ;
ce dernier et le P. Anselme m'aident à bénir la
Providence qui a été si manifestement bonne pour
moi. — Nous avons été très bien reçus à toutes les
escales : les Pères des Missions Étrangères que nous
avons trouvés sur notre passage, à Saïgon et à
Hong-Kong, ont rivalisé d'empressement avec les

bons Pères Lazaristes de Schangaï. C'est là, à Schangaï, que nous avons quitté l'*Ernest-Simons*, pour nous embarquer sur un bateau français, le *Guadalquivir*, qui se rendait à Tché-Fou extraordinairement pour prendre des soldats français qu'un bateau de queue devait lui amener de Takou. Nous avons profité de cette heureuse coïncidence pour terminer notre voyage sur un bateau français et avec les mêmes conditions de paiement que sur l'*Ernest-Simons :* toujours, que le bon Dieu a été bon !

« Nous avons débarqué à Tché-Fou, jeudi, 15 novembre, vers 4 heures du soir. Le P. Mansuet, très aimable, est venu nous prendre à bord avec tous nos bagages. Après les premières questions d'usage, je lui demande des nouvelles du P. Louis, et il m'annonce que l'heureux Père a quitté définitivement Tché-Fou, pour faire mission à deux jours d'ici : il est parti depuis huit jours ! J'offris ce petit sacrifice à Dieu ; j'aurai à lui écrire une longue, très longue lettre pour lui dire un peu ce que j'aurais été très heureux de lui dire de vive voix. Monseigneur, en très bonne santé, nous a reçus avec grande joie, et je comprends son bonheur.....

« ..... Bonne et sainte année encore ! Bénissez-moi, Très Révérend et bien-aimé Père, priez pour votre enfant et faites prier, afin qu'il ne soit pas un ouvrier inutile en face de tant de travail : douze millions de païens ! Votre enfant religieusement affectueux et reconnaissant en Notre-Seigneur et saint François,

« Fr. Apollinaire, O. F. M. »

Au P. Godefroy, Directeur du Collège séraphique :

Tché-Fou. — Chang-Tong oriental. — Chine,
17 novembre 1901.

Révérend et bien cher Père,

« ..... Durant les jours qui vont suivre, j'espère rédiger le petit journal de notre voyage. J'ai noté escale par escale tout ce qui me paraissait saillant, ainsi que les impressions particulières que je ressentais. Ce journal sera naturellement assez court, car malgré tout mon désir, je n'ai pu que noter sans rédiger *hic et nunc* ce qui me frappait ; enfin, je tâcherai de faire revivre de mon mieux les notes mortes de mon carnet.

« ..... Le bon Dieu nous a bien manifesté tout le long de la route que nous étions les enfants de la Providence : à chaque escale, nous avons trouvé une sympathie, une fraternelle réception, et je vous assure que cela fait du bien de rencontrer, si loin de la France et dans un voyage si pénible, un pied-à-terre, des Français, des cœurs de frères en religion, qui vous font oublier un moment les fatigues, les ennuis, le mal de mer et toutes les autres misères de la traversée. Nous n'avons donc qu'à bénir le bon Dieu de nous avoir accordé une mer vraiment bonne, des escales excellentes, des compagnons de route charmants ; les six bons Pères Trappistes en particulier, et même la plus grande partie des passagers ont été très aimables. Nous avons pu dire la Messe à peu près tous les jours, sauf trois ou quatre : je fais exception pour le bon P. Henri qui a dû s'abstenir un peu plus souvent. Tous les dimanches et le jour de la Toussaint, nous avons eu la consolation de dire la Messe sur le pont. Le commandant du bateau avec quelques officiers y assistaient, ainsi qu'un grand nombre de passagers. Le commandant surtout était édifiant ; sa tenue religieuse de grand chrétien en même temps que de soldat, édifiait tout le monde. Il fallait voir son beau signe de croix et la manière dont il suivait la sainte Messe dans son livre de prières ; on est si peu habitué à rencontrer de pareils exemples de nos jours ! »

Au P. Othon :

Tché-Fou, 16 janvier 1902.
Fête de saint Othon, 7 heures du matin.

« TRÈS RÉVÉREND ET BIEN-AIMÉ PÈRE,

« Il me tardait de remonter en cellule, pour pouvoir confier à ce froid papier tous les vœux de bonne et sainte fête, que mon cœur a déjà formés hier au soir et surtout ce matin au saint Autel, pour vous. — Dans l'impossibilité où nous étions de vous faire parvenir ces vœux pour le jour béni de votre fête, nous avons résolu de les formuler dans une froide lettre le jour même de la Saint-Othon. Je les ai confiés, ces vœux, à mon bon ange gardien, pour qu'il les transmette au vôtre aujourd'hui même : si celui-ci vous murmure à l'oreille la fidélité de votre enfant, dans l'affection, la reconnaissance, le souvenir devant Dieu, croyez-le, il dit absolument vrai ; s'il ajoute qu'en ce jour, au saint Office et au saint Autel, j'ai formé pour vous, dans une prière toute filiale, les vœux les plus étendus et les plus conformes aux désirs de votre cœur, croyez-le encore. Bonne et sainte fête ! Il en sera ainsi, si le bon Dieu exauce ma pauvre prière. Cette prière je l'ai offerte pour vous à toutes vos intentions, en particulier dans le sens que vous indiquiez dans votre dernière lettre, je l'ai offerte pour tous ceux qui vous sont chers et aussi pour vos morts...

«... Pour moi, je ne sais trop vous dire l'état d'âme et de santé dans lesquels je me trouve. Pour l'âme, elle est encore toute à la joie de la grâce qui m'a été faite de vivre désormais, de travailler et de mourir au milieu des pauvres infidèles qui nous entourent. De plus, depuis Béziers, jamais je n'avais pu faire mes lectures spirituelles et l'oraison aussi facilement qu'ici ; comme vous, je puis avoir de longs moments de calme, de recueillement, de solitude ; j'essaye d'en profiter le mieux possible, car une fois lancé dans le ministère actif, il paraît que ce n'est plus possible...

«... J'ai eu des nouvelles du bon P. Louis, un de ces jours ; nous n'avons pas encore eu le bonheur de le voir ; son maître d'affaires est pourtant venu ici avant-hier : il m'a adressé un petit mot par cette occasion ; il a reçu, me dit-il, une de vos lettres. Nous comptions le voir venir aux environs du premier jour de l'an pour se confesser, mais voilà que le P. Sébastien est allé passer huit jours chez lui et... ils ont dû régler leurs petites affaires !... A moins que le diable soit assez roué pour lui faire commettre un *gros péché mortel*, nous sommes exposés à ne le voir qu'aux calendes ! Je lui ai cependant fait remarquer dans ma réponse : « Que la confession des péchés véniels était bonne et presque nécessaire..., dans certains cas ! »

« Nous avons ici le P. Eugène depuis une huitaine de jours ; il nous édifie et nous intéresse beaucoup. Le P. Adéodat est aussi à Tché-Fou depuis trois ou quatre jours, toujours plein d'entrain et de bonne gaieté ; il doit repartir demain pour sa mission ; hier au soir, il s'est joint à nous pour dire le saint Office, où vous avez eu une large intention.

« Il faut que je m'arrête, Très Révérend et bien-aimé Père, mais encore une fois : Bonne et sainte Fête !

« J'allais oublier de vous remercier de la photographie du vénéré M. Déauze que vous avez bien voulu me faire parvenir. J'ai bien reconnu là la délicatesse de votre incomparable et cher neveu, auquel j'ai adressé un petit mot de reconnaissance.

« Bénissez-moi, Très Révérend et bien-aimé Père,

et priez pour votre fils religieusement affectueux et reconnaissant en Notre-Seigneur et saint François,

« Fr. Apollinaire, O. F. M. »

Fidèle à sa promesse, après deux mois de séjour en Chine, il adresse au Directeur du Collège séraphique le tableau de ses premières impressions ; la précision avec laquelle il est présenté nous permet de nous bien représenter le pays dans lequel il devra désormais habiter.

Tché-Fou, 2 février 1902.

« Bien cher Révérend Père et Ami,

« Je vous avais quasi promis la relation de notre voyage ; malheureusement, je n'ai pu la faire au jour le jour sur le bateau, et lorsque j'ai voulu rédiger mes notes, elles m'ont paru si insipides, si banales, si dépourvues d'intérêt, que j'ai renoncé à les produire. Croyez-moi, il vaut mieux que je vous adresse une bonne gerbe d'observations que j'ai faites et d'impressions que j'ai éprouvées depuis notre arrivée en Chine ; la matière est vaste, trop vaste même pour que j'aie la prétention de l'épuiser ; j'irai donc à tort et à travers.

« Et d'abord, je vous présente mon « noble » nom chinois ! Les trois hiéroglyphes ci-dessus signifient : *Fang, tchoung shou*, autrement dit : Monsieur Fang, dont le prénom est « *tchoung shou,* » *charité, cha-*

ritable, qui se donne sans compter. Mon nom
« *Fang* » est celui d'une des grandes familles anti-
ques de la Chine ; mon prénom devient pour moi un
idéal, car il ne faudrait pas que le nom jurât trop
avec la chose !... Le mot « *Fang* » signifie aussi
François ; vous devinez que je préfère ce sens au
premier, pour si glorieux que puissent être mes
ancêtres chinois !... Mes deux chers compagnons,
Li et *Nga*, vous diront sans doute toute la richesse
de sens que contiennent leurs noms et prénoms...

« Nous voilà donc Chinois de nom, un peu de
cœur, mais hélas ! pas encore Chinois de langage,
malgré tous nos désirs et tous nos efforts. Il est vrai
qu'il y a à peine deux mois et demi que nous sommes ici et les difficultés de la langue, qui n'a rien
de commun avec les langues européennes, sont
assez considérables. Qu'il nous tarde cependant de
comprendre et d'être compris... ce n'est pas le
travail qui nous manque autour de nous, vous savez
combien le champ est vaste et les ouvriers peu
nombreux !

« Tous les jours, nous revenons à l'école ; un
séminariste vient nous faire une lecture que nous
devons répéter mot pour mot : il nous corrige, nous
fait prononcer parfois à satiété le même monosyl-
labe, jusqu'à cinq, dix fois et un peu plus...

« Heureux les musiciens en Chine... Figurez-
vous que le même mot a presque toujours un sens
différent suivant le son et le ton que vous émettez.
Ainsi *maï* signifie acheter et *maï* signifie vendre.

Pour distinguer l'un de l'autre en parlant, il n'y a qu'une légère inflexion de voix ; de là des quiproquos... parfois amusants, parfois humiliants aussi...

« A peu près tous les jours, vers une heure, nous allons faire une petite promenade sur le bord de la mer : notre Résidence est à peine à 100 mètres du rivage. Ces promenades, qui durent une heure environ, ont un charme particulier et nous font beaucoup de bien. Parfois, nous allons dans la campagne, à travers champ, car les routes ici sont tout à fait élémentaires : figurez-vous des bandes de terre de 0 m. 50, 1 m., 2 m. de largeur tout au plus, qui n'ont pas été ensemencées ; des deux côtés, sans la moindre séparation, vous voyez du blé, du riz, etc. ; et à travers la même pièce de terre, on voit quelquefois deux ou trois de ces chemins étroits, irréguliers et boueux au possible en temps de pluie.

« Par ci, par là, vous trouverez aussi sur le bord du chemin ou éparpillés à travers les champs, des tombeaux qui ressemblent fort à d'énormes taupinières ; sur ces tombeaux de forme conique, on voit une quantité de petits papiers figés en terre avec de petits morceaux de bois : ce sont des *prières* que les parents viennent déposer à certains jours. Vous devez savoir que chacun enterre ses morts dans sa propriété : ceux qui n'ont pas de terre, portent leurs morts dans les cimetières communs disséminés çà et là.

« Au retour d'une de ces excursions à travers la

campagne, nous passâmes, l'autre jour, devant une
pagode située à l'entrée de la ville. Monseigneur
était avec nous ; il voulut nous laisser jouir d'un
curieux spectacle. C'était tout juste *jour de prière*.
La porte de la pagode était ouverte et l'entrée
absolument libre ; nous nous arrêtâmes dans la rue ;
cinq ou six bonzes étaient assis autour d'un meuble
bigarré, auquel je serais embarrassé de donner un
nom précis ; sur ce meuble, placé devant la statue
d'un bouddha quelconque, était une pièce de fer
sur laquelle un bonze battait dessus en cadence,
avec deux autres bonzes qui tapaient, l'un sur son
tam tam et l'autre sur un grand tambour multico-
lore ; un quatrième braillait les prières, en tournant
posément les pages d'un gros livre, tandis qu'un
cinquième, avec calme et cérémonie, faisait des
libations en vidant (toujours en cadence, sans
doute !...) le contenu d'une tasse blanche. — Bouddha doit être indulgent pour les distractions invo-
lontaires et... volontaires dans la prière, car nos
braves bonzes-priants ne perdaient rien de ce qui
se passait dans la rue et regardaient à droite et à
gauche sans difficulté. Quand ils nous virent surtout,
tous nous fixèrent avec étonnement ; mais, il faut
le dire, leur prière n'y perdit rien : c'était toujours
la même musique et le chant continu du bonze-
chantre qui tournait les pages en nous regardant
toujours. Spectacle curieux qui se reproduit, paraît-
il, chaque fois qu'un Chinois fait quelque bonne
aumône à la bonzerie pour ses défunts. Avec les

comédiens, rien de plus méprisé en Chine que la
classe des bonzes, et, mon Dieu, ce n'est pas sans
raisons. Ceux-ci vivent d'aumônes, de l'exploitation
de la crédulité des simples et aussi du produit des
comédies qu'ils font jouer à certaines époques. Rien
de plus ridicule que ces comédies, chinoises au possible ! Plusieurs fois, nous avons été témoins de ce
spectacle curieux. En face ou à côté de la pagode, il
y a une vaste cour ; au fond de la cour, un théâtre,
élevé de deux mètres environ au-dessus de terre,
est dressé ; devant le théâtre, les Chinois, la bouche
ouverte, les mains pendantes ou dans les manches,
regardent, causent, fument, traitent leurs affaires
comme à la foire, pendant que les comédiens, revê-
tus d'habits drôles, aux couleurs voyantes, jaune,
rouge, vert, etc., parlent un langage que les audi-
teurs ne comprennent pas et n'entendent pas à
cause du tapage. Mais, en revanche, ceux-ci font
des gestes amples, artistiques... affectés au possible,
que les Chinois aiment tant et qui ne sont rien
moins que ridicules. L'autre jour, le P. Adéodat
nous fit visiter la ville chinoise de Tché-Fou, et tout
juste, au milieu de la ville, nous fûmes arrêtés par
une foule compacte, entassée dans une cour et
regorgeant dans la rue : c'était la comédie... A peine
étions-nous arrivés depuis un instant, que la moitié
de la foule avait tourné le dos au théâtre, nous
regardait curieusement, faisait des commentaires
sur notre compte : « Allons-nous-en, dit le P. Adéodat, c'est nous qui donnerions bientôt la comédie ! »

Et nous continuâmes à suivre la pauvre rue que
nous avions prise.

« Puisque je vous parle de rues, un mot de la
ville chinoise que nous avons visitée.

« Quand je vous parle de rues, ne songez pas, je
vous en prie, à n'importe quelle rue de Bordeaux,
même aux plus étroites et aux plus tristes ruelles
de cette ville ; vous vous tromperiez. Les rues des
villes chinoises ont un caractère à part, unique ! et
je renonce à vous en donner une idée exacte : cela
ne peut pas se dire, il faut le voir et le... sentir !
La rue est la possession de tous ; aussi, le maçon
y fait son mortier en laissant tout juste l'espace
étroit et très étroit pour passer ; le charpentier y
installe ses pièces de bois ; vous y voyez des tas de
fumier en réserve !... etc., etc.

« De chaque côté, les boutiques ne manquent pas,
et... quelles boutiques parfois !... Le Chinois fait
commerce de tout ; aussi, les étalages varient à
l'infini ; ici les cloutiers dominent ; il paraît que la
fabrique des clous forme l'industrie principale de
notre ville. Je viens de vous décrire la rue principale, comme qui dirait la rue Sainte-Catherine ou le
cours Victor-Hugo de Tché-Fou... les ruelles trans-
versales que nous dûmes prendre pour sortir de la
ville, gagner la plage et la Résidence, ne souffrent
pas de description... je vous en fais grâce ! tout ce
que vous avez vu et senti... n'est rien en compa-
raison.

Pauvres Chinois ! malpropres, peu attrayants, en

soi, mais ayant pourtant une âme! et c'est à cause
de cette âme que nous les chérissons déjà beaucoup... comme il nous tarde de pouvoir faire quelque chose pour eux, pour tant de cœurs simples
en particulier qui vivent dans les pratiques du
paganisme avec la meilleure bonne foi. L'autre
jour, un Père de la Résidence allant se promener
sur la plage, rencontra, dans un endroit bien
découvert où les chiens se réunissent en plus grand
nombre, le cadavre d'un petit enfant, parfaitement
bien habillé et à neuf; il devina aussitôt qu'il s'agissait là de quelque superstition et il ordonna à un
policier qui était dans les environs, d'enlever le
petit cadavre. A son retour, le Père missionnaire
nous raconta le fait et il ajouta que, lorsqu'un
enfant aîné meurt dans une famille, on l'expose
aux chiens pour que la divinité accorde d'autres
enfants !... Ces faits sont, paraît-il, assez communs... Comme on voit bien là l'esprit de Satan,
qui sait faire allier, chez les pauvres païens dont il
est le maître, des faits contre nature dont je viens
de parler, et le culte extraordinaire et superstitieux
des morts qui forme, en somme, toute la religion
de nos Chinois. — A ce sujet, je pourrais m'étendre
longuement et vous faire la description détaillée
d'un enterrement chinois; j'ai été témoin de deux
de ces enterrements, ou, pour mieux dire, de un
et demi; mais le P. Henri vous contera tout au
long ces curieuses cérémonies. Il vous parlera de
même, sans doute, d'une séance de distribution de

prix dans une école chinoise, où nous avons été invités par le directeur, qui est un riche Chinois de Tché-Fou, païen et chinois des pieds à la tête. Rien de plus curieux que ce brave homme : il est extrêmement riche et n'abuse pas de sa fortune ; il a fondé une école gratuite où 150 enfants environ viennent apprendre les langues chinoise, anglaise, russe et aussi les sciences ; lui-même paie les professeurs et il va tous les matins constater le progrès des élèves. Païen ainsi que sa femme, deux de ses enfants, un garçon et une fille, ont reçu le baptême ; la petite fille, une vraie perle, est élevée chez les Sœurs, et le garçon vit avec nos séminaristes, très bon, très pieux. Il partira un de ces jours pour la France. Nous prions beaucoup ici pour la conversion de cet honnête païen, intelligent, mais si intéressé !... Dernièrement, il est venu demander la *Perfection chrétienne* de Rodriguez, traduite en chinois par les PP. Jésuites : « Il a trouvé cela très beau ! » — J'ai promis de ne pas insister et... voilà que je m'égare...

« Depuis notre arrivée à Tché-Fou, nous avons eu deux fois la visite du P. Adéodat, toujours plein d'entrain et de franche gaieté. Sa mission de Wei-hai-wei semble devoir prendre de l'importance ; aidé par un riche monsieur français, qui va finir ses jours dans ces parages, il va avoir une école de Frères Maristes ; il espère aussi que les environs chinois vont s'ébranler un peu vers la vérité...

« Nous avons aussi, depuis bientôt un mois, le

bon P. Eugène-Marie qui nous édifie et nous intéresse au possible. Il est le seul, comme vous savez,
qui soit resté au milieu de ses chrétiens pendant
les troubles des Boxeurs. Plein de bonté, de gaieté,
il est aussi profondément religieux. Il a une foule
de traits charmants, dont il a été acteur ou témoin,
qu'il nous raconte avec une simplicité ravissante.
Malgré sa modestie, nous comprenons, par les
récits qu'il nous fait et par les leçons de l'expérience qu'il nous donne, tout le bien qu'il doit
faire dans son district. J'ai eu aussi des nouvelles
de notre bon P. Louis de Saint-Orens, qui est parti
en mission, pour la première fois, huit jours avant
notre arrivée ; écoutez ses premiers débuts :

« J'arrive à Iven par un temps impossible ; neige
« jusqu'à mi-jambe, neige tombant à gros flocons,
« terrible vent du Nord, sentiers impraticables,
« dégringolade de mule, rien n'a manqué à mon
« bonheur.

« Mais, écoutez la récompense :

« J'ai fini la visite du Jubilé : il ne me reste que
« les chrétiens de Maracuanzi. Voici le résultat de
« ma visite : 155 confessions, 177 communions.
« Plusieurs catéchumènes se sont présentés. Au
« printemps prochain, pendant la mission, je ver-
« rai ce qu'on peut attendre d'eux. Les chrétiens
« de cette partie du vicariat sont bien pauvres :
« trois stations sur cinq n'ont pas de chapelle, et
« les trois chapelles qui existent sont d'une pau-
« vreté qui rappelle l'étable de Bethléem. »

Nous avons vu la grande dévotion du P. Apollinaire pour saint Joseph ; il lui attribuait son exemption du service militaire et bien d'autres grâces ; le glorieux Patriarche était le Patron de son père et de plusieurs de ses amis ; de plus, il a été également donné pour Patron à toutes les missions de la Chine ; le P. Apollinaire se rappelle avec bonheur son père et tous ceux que cette fête intéresse : il écrit à ses parents :

Tché-Fou, 19 mars 1902.
Fête de saint Joseph.

« MES BIEN CHERS,

« Je rentre à l'instant de célébrer la sainte Messe : vous devinez à quelles intentions ! Naturellement, j'ai réservé l'intention du mois de mars pour ce jour : j'avais tant de Joseph à recommander ! En premier lieu venait Papa qui a toujours la première place dans mon cœur comme dans mes prières ; puis, c'était mon oncle Marsan ; puis c'étaient des amis, ou parents, ou voisins, qui me seront toujours bien chers : les abbés Darqué, Béreilh, Baradat, M. Campaignolle, Joseph Dassy, J. Dutrey, J. Escoubés, etc., etc. Vous pouvez leur dire, quand vous les verrez, que je les ai portés au saint Autel, où j'ai formé pour eux les vœux les plus désirables comme les plus étendus. Malgré l'immense distance qui nous sépare, je suis, plus que jamais, fidèle au souvenir du cœur.

« L'année dernière, à pareil jour, j'avais le bonheur d'être auprès de vous. Comme cette journée fut heureuse ! Quelle charmante fête de famille fut la nôtre ! Cette année, le bon Dieu nous en a demandé le sacrifice : qu'il en soit béni ! — Ici, la fête de saint Joseph est d'obligation, et les chrétiens la célèbrent comme le dimanche. C'est notre grande fête patronale ; aussi y a-t-il eu quelques communions ce matin. Tout à l'heure, nous aurons Messe chantée avec diacre et sous-diacre, et j'aurai le bonheur de faire sous-diacre. Sans doute, les fêtes n'ont pas ici la solennité, l'entrain, la pompe qu'elles ont en France, à Manciet ; mais elles ont un cachet de piété et de recueillement qui réjouit l'âme du missionnaire. Bien chers, s'il n'y avait pas de missionnaires ici, le bon Dieu ne serait pas connu et les bonnes âmes, chrétiennes maintenant, qui nous entourent et qui réjouissent le Cœur de Dieu, grouilleraient encore dans les misères du paganisme. Oh ! comme je remercie le bon Dieu de m'avoir appelé et conduit ici, malgré mon indignité ; remerciez-le avec moi, bien chers ; il nous a fait une grâce que nous n'apprécierons bien qu'à la fin de notre pauvre et courte vie. Comme je voudrais vous le faire comprendre ! Comme je le comprends, comme je le sens moi-même !

« Peu à peu, le chinois entre dans ma pauvre tête : les difficultés sont beaucoup plus qu'ordinaires ; une langue qui n'a que des sons, qui n'a pas de règles précises, pas de grammaire, ne peut qu'être difficile ; et cependant comme il nous tarde de comprendre et d'être compris ! — Ma santé est de mieux en mieux : je puis facilement travailler et faire de bonnes promenades sur le bord de la mer. D'ailleurs, depuis quelques jours, le temps est magnifique, même un peu chaud ; il paraît que c'est le printemps, je me demande ce que sera l'été ! De l'avis de tous, le soleil d'Orient est terrible pour les Européens : il est, en effet, de plomb. La campagne commence à avoir bel aspect : la verdure commence à se montrer et aussi quelques fleurs ; je vous envoie, cher Papa, la première que j'ai vue : je n'en avais jamais aperçu de pareilles et j'ignore son nom. J'ai aussi trouvé une violette tout à fait semblable à celles d'Europe. — Je regrette que la petite Berthe soit si loin : quelle collection de coquillages je pourrais lui offrir ! Elle pourrait aussi m'accompagner dans mes promenades et faire elle-même sa provision, mais nous sommes si loin !...

«... Je rencontre tous les jours un brave policier (un vrai païen chinois) ; je l'interroge assez souvent en chinois, pour m'exercer à la langue : il me répond toujours avec beaucoup d'empressement et d'aménité. Chaque fois que je le rencontre, il me salue avec un bon sourire. Il en est de même avec un autre Chinois qui est domestique chez le Consul d'Amérique. L'autre jour, il conduisait un cheval par la bride : il allait le faire boire sans doute ; il me croisa deux fois pendant que je disais le saint Office en me promenant ; la seconde fois, il m'adressa la parole et essaya de me faire comprendre par ses paroles et ses gestes de prier pour lui (il croisait ses mains et levait ses yeux au ciel). Je compris, en effet, et lorsque je lui eus dit : « *Hoa, Hoa, Tien Tchou Kiang fou qui fa*. Oui, oui, que le bon Dieu te bénisse, » il me remercia, très heureux. Chaque fois que je le rencontre, il me salue comme le policier. Ceci pour vous dire que les Chinois sont naturellement bons, malgré leurs défauts. S'ils sont parfois redoutables pour les Européens, croyez-moi, les premiers coupables ce sont les Européens eux-mêmes, qui ne leur ménagent ni les mépris, ni les insultes, ni les coups. — Je m'arrête, bien chers ; encore une fois, bonne et sainte fête à Papa, à mon oncle Marsan et à tous nos bons amis que j'ai nommés plus haut. Merci à la bonne Mme Dassy pour les *Annales de Lourdes* que j'ai reçues ; j'espère pouvoir la remercier directement sans retard.

« Affections à tous ceux qui nous sont chers : au cher M. le Curé, à Mlle Anna, aux bonnes religieuses, aux familles Duchey, Campaignolle, Escoubés, Gouanère, Rousset, à Aurélie Lapeyrère, à la famille Dassy, etc., etc. Quelque chose de bien particulier aux abbés Gendre et Béreilh quand ils viendront à Manciet.

« Je vous embrasse tous et chacun de tout cœur.

« Fr. Apollinaire, O. F. M. »

« La petite Berthe a essayé de mettre mon nom chinois dans sa lettre : c'est presque cela ! mais...

les Chinois ne sauraient pas lire ! Je lui envoie un petit papier rouge sur lequel j'ai écrit mon nom. »

Les nouvelles du pays apporteront toujours à son cœur une grande joie. Son compatriote et fidèle ami, M. Salles, veut se faire un devoir bien doux de le tenir au courant, en lui envoyant régulièrement la *Semaine religieuse* d'Auch, des journaux et l'*Armanac dé Gascougno*. P. Apollinaire lui en exprime toute sa reconnaissance et passe immédiatement à son sujet favori : travailler, souffrir et mourir pour sa chère mission.

Tché-Fou, 4 avril 1902.

« Bien cher Frère,

« Plus que jamais l'étude du chinois absorbe mes journées ; tous les jours il me faut revenir à l'école et balbutier les rudiments d'une nouvelle langue qui ne manque pas de difficultés... Obtenez-moi la Pentecôte, bien cher Frère, ou bien je suis perdu ! Très volontiers je laisse là mes livres pour m'envoler, par l'esprit et par le cœur, tout près de vous, dans ce cher Grand-Séminaire, béni monastère où j'ai passé trois années si heureuses ! — Et merci, d'abord des deux lettres que vous m'avez adressées. Empreintes d'une tendre affection, elles m'ont procuré une joie bien sensible ; — merci aussi pour les *Semaines religieuses* et l'*Armanac dé Gascougno* que vous m'avez fait parvenir. Vous avez bien compris que tout ce qui regardait notre cher diocèse ne pouvait que m'intéresser : j'ai déjà tout lu... même l'*Armanac* qui m'a fait éclater de rire plus d'une fois. Vous me promettez de m'adresser la *Semaine religieuse* de temps en temps ; comme je vous remercie !

« Vous êtes vraiment bien bon de ne pas oublier le pauvre Chinois, que je suis, perdu au fond du monde, dans un petit coin de l'immense empire chinois où, désormais, je dois travailler, souffrir et probablement mourir. Ce n'est pas le travail qui manquera : des millions de païens grouillent autour de nous et nous sommes si peu nombreux ! Je ne parle pas des occasions de souffrir : elles ne feront pas défaut. Obtenez-moi, bien cher, de travailler, de souffrir et de mourir le moins mal possible...

« Songez que des millions d'âmes païennes attendent notre apostolat et vous comprendrez nos désirs ! Comme la moisson est belle, et nous sommes si peu nombreux pour la recueillir ! Notre cher Vicariat semble prendre un élan nouveau, et les conversions s'annoncent nombreuses. Le bon P. Louis de Saint-Orens m'écrivait ces jours-ci les espérances que son district lui faisait concevoir ; il commencera la mission avec le retour des beaux jours. Le Samedi-Saint, nous avons eu dans notre modeste cathédrale cinq baptêmes d'adultes ; Monseigneur a présidé la cérémonie, qui m'a fait une impression profonde. J'avais le bonheur de l'assister, et par conséquent, j'ai pu suivre de très près toutes les parties de la cérémonie touchante. Il y avait sur le front des baptisés un rayon de joie indéfinissable ; depuis assez longtemps ils désiraient le saint baptême avec une ardeur incroyable, paraît-il ! Quelle joie pour les missionnaires de pouvoir arracher au paganisme de si bonnes âmes, qui désormais consoleront le cœur de Dieu. Quelle joie surtout pour celui qui est l'instrument direct de la Providence, qui a instruit, arraché à Satan, une pauvre âme païenne et qui a la joie unique en ce monde, de la donner à Dieu et à son Église !... Oh ! depuis longtemps déjà je demande au bon Dieu d'avoir, au moins une fois, cette grâce ; il me semble que je pourrais mourir content alors ! j'aurais fait une grande œuvre...

« Je m'arrête, bien cher ; je n'oublie pas votre chère famille de Lourdes qui veut bien ne pas m'oublier aux pieds de Notre-Dame. Que le bon Dieu continue à la bénir.

« Votre bien affectueux en N. S. et S. F.

« Fr. Apollinaire, O. F. M. »

Au P. Othon :

Tché-Fou, 16 avril 1902.

« Très Révérend et bien-aimé Père,

« ... Comme le temps passe vite ! Plût à Dieu que les progrès dans la langue chinoise fussent aussi rapides... Nous voilà toujours à l'école et il

faut aller lentement ! Encore si nous savions méri-
ter la Pentecôte et le... don des langues en particulier ! Enfin, peut-être que le bon Dieu aura pitié
de nos désirs et de notre bonne volonté. Nous pouvons maintenant nous tirer d'affaire pour les choses essentielles, ordinaires, mais nous sommes
encore incapables de suivre une conversation, à
plus forte raison de la tenir.

« Quelle que soit la part d'activité que le bon
Dieu me ménage dans le beau champ où il m'a
appelé, il me semble que je le bénirai toujours avec
tout mon cœur, car au contact des pauvres païens
que je coudoie tous les jours, j'apprécie davantage
la grâce qui nous a été faite. Tous les jours, après
le dîner, nous faisons avec les PP. Henri et Anselme une petite promenade. Que de fois, en rencon-
trant des Chinois dont la figure est ordinairement
bonne, nous avons dit : « Quel dommage que ces
« braves gens ne connaissent pas le bon Dieu ; ils ont
« l'air si simple, si bon ; il suffirait peut-être de
« leur parler de notre sainte Religion ! » Je crois de
fait qu'on calomnie trop facilement les Chinois.
Sans doute, ils ont leurs défauts : la saleté, la paresse, le manque de franchise, ne sont pas leurs
moindres ; mais on ne peut pas nier leurs qualités :
la simplicité, la douceur, le respect de l'autorité,
quelle qu'elle soit. Ils ne sont pas insensibles non
plus aux témoignages de l'affection, et on est surpris assez souvent de rencontrer chez eux une délicatesse qu'on n'est pas habitué à rencontrer même

en France. Dernièrement, nous arrivait ici un pauvre chrétien exténué de fatigue : il avait marché pendant dix jours, malgré la rigueur du temps, et savez-vous pourquoi? Sur de faux témoignages de païens, il avait été mis en prison, je ne sais plus pour quelle cause. Monseigneur était intervenu auprès du mandarin pour que le procès fût instruit selon les règles. Naturellement, l'innocence du chrétien avait été reconnue. Aussitôt délivré, notre brave homme s'était mis en route pour venir remercier Monseigneur : il lui avait fallu dix jours! Après avoir dit aussi bien qu'il sut sa reconnaissance à Sa Grandeur, il repartit le lendemain pour marcher encore dix jours!... Que de délicatesse! J'en ai été profondément touché. Que d'autres auraient trouvé, même en France, mille excuses pour se dispenser d'un si long et si pénible voyage! — Mon très Révérend et bien cher Père, priez pour nos bien-aimés Chinois; convertis, ils consoleront le Cœur du divin Maître des ingratitudes de tant de chrétiens, hélas!...

« L'unique et vénérable curé de Cravencères m'a écrit l'autre jour. Il m'a envoyé des violettes « cueillies par lui auprès de sa chère église. » Il a ainsi évoqué dans mon esprit et dans mon cœur de bien doux souvenirs. Heureux quinze jours de la mission de Cravencères! Je ne sais trop comment lui exprimer que je paye bien de retour le souvenir et l'affection qu'il veut bien me conserver. — Le jour où il m'adressait sa lettre, il avait invité à diner trois ou quatre professeurs du Petit-Séminaire d'Éauze, l'abbé Gendre et le curé de Réans ; tous, dans une lettre commune, m'ont écrit un petit mot affectueux. Je dois tout cela à la délicate affection du cher curé de Sainte-Claire. « Tel « oncle, tel neveu ! » — J'ai cueilli quelques fleurs pour les lui adresser, des fleurs de Chine, cueillies par un Chinois de cœur : ce n'est pas banal !

« Nous avons eu des nouvelles du bon P. Louis il n'y a pas longtemps. Il paraît qu'il est très bien de santé et que tout marche pour le mieux dans son district. Je lui ai écrit ces jours derniers, en lui envoyant par un chrétien quelques numéros de la *Semaine Religieuse d'Auch* que M. Salles a bien voulu me faire parvenir.

« Votre enfant en Jésus-Christ,

« FR. APOLLINAIRE, O. F. M. »

Monsieur le Supérieur du Collège d'Éauze, qui a été le premier Directeur de son âme, garde toujours dans le cœur du jeune Franciscain la place indiquée par une constante reconnaissance ; il se fait un devoir de le lui témoigner par la lettre suivante dont on appréciera les récits pleins d'actualité.

Tché-Fou, 23 avril 1902.

« BIEN CHER MONSIEUR LE SUPÉRIEUR,

« Comme vous l'avez appris, c'est le 15 novembre que je débarquais à Tché-Fou, après une traversée de 45 jours. Malgré toutes les prévisions justement pessimistes au sujet de ma santé, j'ai supporté les fatigues inséparables d'un si long voyage avec une facilité vraiment providentielle. J'en ai la conviction profonde, le 29 septembre, date de mon départ, fut bien l'heure de Dieu, pour la réalisation des vœux et des aspirations de mon âme. — Me voici donc au milieu de pauvres païens, dans un petit coin de l'immense empire chinois, où désormais je devrai travailler, souffrir et probablement mourir. Croyez-le, ce n'est pas le travail qui fait défaut dans notre Vicariat, comme d'ailleurs dans toutes les missions. Pour notre part, nous avons à cultiver un pauvre pays qui ne compte pas moins de 10 millions d'âmes païennes : quelle moisson ! et nous sommes, hélas ! si peu nombreux... Puissions-nous suppléer le nombre par la qualité, c'est-à-dire le zèle, l'abnégation et le dévouement sans compter. Obtenez-moi, bien cher Monsieur le Supérieur, d'être un vrai religieux-apôtre. Ici, comme en France, et peut-être un peu plus, les missionnaires vertueux et profondément religieux font seul un bien solide ; pour réaliser l'apostolat de saint François-Xavier, il faudrait être un saint. Obtenez-moi cette grâce, je vous prie : des saints ou au moins un saint dans notre Chang-Tong oriental ! — D'ailleurs, tout s'annonce si bien ; il semble que notre Vicariat reçoit en ce moment une impulsion nouvelle : la mission du printemps, qui a commencé depuis quelques-jours, laisse entrevoir les plus beaux résultats. Un de nos compatriotes, le P. Louis de Saint-Orens (près Mauvezin), qui fait mission à deux journées de Tché-Fou, m'écrivait ces jours-ci les belles espérances qu'il fondait sur son district. — Il est bien vrai que nos braves Chinois ne sont pas si loin du christianisme qu'on veut bien le dire, en France et ailleurs. On les calomnie un peu trop, c'est sûr !

« Sans doute, ils ont leurs défauts, la paresse, la saleté, leur manque de franchise, ne sont pas leurs moindres, mais ils ont des qualités qu'il est impossible de nier. Ils sont en général doux, bonasses, respectueux et tolérants. Si on les traite avec bonté, si on leur témoigne quelque affection, ils sont loin d'être insensibles : j'en ai déjà plusieurs preuves.

« Comment alors expliquer les massacres de l'année dernière et la révolte permanente et toujours menaçante des Boxeurs? — Je ne connais pas à fond la Chine, vous le devinez, ses mœurs, ses coutumes, pas plus que le fin mot de ses susceptibilités contre les Européens; mais, d'après ce que j'ai entendu et ce que j'ai pu observer moi-même, les torts, les responsabilités les plus graves ne sont peut-être pas du côté des Chinois. Ce sont les agissements des sociétés secrètes, dit-on ordinairement, et la haine héréditaire du Chinois pour l'étranger, qui ont produit la révolte des Boxeurs. Sans aucun doute, ce sont là des causes immédiates, mais cette haine de l'étranger, d'où peut-elle bien venir? — On nous répondra assez souvent:

préjugé héréditaire, jalousie de race, etc., etc., des insensés iront même jusqu'à dire que les missionnaires sont les seuls coupables !..... Qu'ils viennent jusqu'à nous, ces pauvres esprits, et ils changeront vite de pensée et de langage.

« Une cause qui ne doit pas manquer d'importance, qui saute aux yeux, semble-t-il, pour expliquer l'état d'esprit des Chinois à l'endroit des Européens, c'est la manière dont ceux-ci traitent les braves indigènes. Abusant de leur simplicité, de leur timidité naturelle, aussi bien que de leur faiblesse, les Anglais, les Allemands, les Russes, etc., il faut l'avouer, parfois même les Français, traitent les Chinois comme de vraies brutes. Que de fois déjà, j'ai senti l'indignation me monter au cœur, en voyant le dédain, le mépris, la brutalité avec lesquels ces Européens, commerçants avant tout..., pour la plupart, traitaient les pauvres gens qui étaient à leur service. J'en ai vu qui les frappaient cruellement et du poing et du pied. J'ai vu des pauvres maltraités et rudement battus.... j'ai vu des enfants d'Européens menacer, frapper des hommes, leur dire des injures les plus grossières, etc.....; les Chinois, stupéfaits sans doute de tant de malice, restaient interdits et s'éloignaient sans mot dire.

« Ces faits sont communs, quotidiens, et on m'a cité bien d'autres faits d'arrogance, de quasi-tyrannie exercée dans l'intérieur, sur les particuliers et les petites autorités chinoises. — Je ne voudrais rien exagérer à ce sujet, mais ne croyez-vous pas que ces humiliations quotidiennes, s'accumulant dans le cœur de ces hommes, y engendrent peu à peu la haine. De la haine à la vengeance il n'y a qu'un pas et je m'explique les révoltes et les raffinements de cette vengeance chez ces pauvres païens.

« Vous le devinez, les missionnaires ont d'autres principes. Leur douceur et leur vraie charité surprennent d'abord les bons païens, habitués à des procédés bien autres ; peu à peu ils se laissent gagner et s'ils n'ont pas roulé trop bas dans la boue du paganisme, on obtient d'eux des choses surprenantes. Les qualités du cœur, l'affection, le dévouement et la reconnaissance se manifestent parfois d'une façon on ne peut plus délicate chez nos bons chrétiens, anciens et nouveaux. Vous seriez certainement touché des témoignages d'attachement véritable que nous prodiguent tous les jours nos chers enfants du Séminaire et quelques domestiques de la Résidence : ils iraient au fond du monde pour nous faire plaisir. Au témoignage des Pères missionnaires qui sont dans l'intérieur du Vicariat, la même chose se reproduit dans leurs districts. Sans doute, ils trouvent de mauvais chrétiens, des ingrats, et les amertumes ne leur font pas défaut, mais ils sont consolés assez souvent par de belles âmes qui valent les meilleures de France. »

Le cœur du Missionnaire appartient déjà tout entier aux âmes qui l'entourent, à ces pauvres Chinois qu'il a entendu si souvent attaquer en Europe ; il prendra désormais leur défense, sans cependant dissimuler leurs défauts ; mais, en même temps, il donne à comprendre que les chrétiens font aussi bien des fautes que les défauts des païens ne sauraient excuser ; il plaint les pauvres Chinois et ne peut s'empêcher de blâmer les Européens qui viennent les insulter chez eux. Il écrit à ses parents :

Tché-Fou, 25 avril 1902.

« Mes bien Chers,

« ..... La position exceptionnellement bonne de notre port fait apprécier Tché-Fou par tous les Européens qui viennent très nombreux et de plus en plus tous les ans, pour passer la bonne saison ; ils commencent à arriver déjà. La mission n'a pas trop lieu de se réjouir de cette affluence qui n'amène guère que des Anglais et des Allemands protestants, des Russes schismatiques et quelques mauvais catholiques. Je ne sais pas trop non plus ce que pensent nos braves Chinois à ce sujet. Abusant de la simplicité des indigènes, de leur timidité naturelle, aussi bien que de leur faiblesse, la plupart de ces étrangers les traitent comme de vraies brutes... Comme je m'explique un peu maintenant la haine du Chinois pour l'étranger ; car les faits dont je vous parle sont très communs, très, très communs !

« Vous le devinez, bien chers, les principes des missionnaires sont bien autres et les résultats sont bien différents. On a beau dire, le Chinois est naturellement bon et simple, mais si on l'exaspère, il se venge comme un païen, massacrant tout, sans distinction.

« 27 avril. — Je reprends ma lettre où je l'avais laissée ; mais je ne veux pas oublier, cette fois, de remercier la petite Berthe de son mot si aimable. J'ai reconnu cette hirondelle qui accompagne un bateau ; si nous étions hirondelles, chère Berthe, malgré la longueur du voyage, nous nous serions déjà visités, n'est-ce pas ? Mais je n'envie rien aux oiseaux ; le bon Dieu nous a donné une pensée et un cœur qui valent plus que toutes les hirondelles et qui vont plus vite qu'elles ! — Je te félicite aussi, chère petite Berthe, de ton tableau d'honneur au Catéchisme, mais... en chinois ! Écoute : continue à bien l'apprendre en français, et puis tu viendras ici et je te l'apprendrai en chinois : tu pourras avoir alors une belle classe de petites Chinoises, avec leurs petits pieds, leur belle queue, leurs belles joues, leurs costumes aussi bariolés que possible... comme ce sera intéressant !... Puis, crois-moi, les petites filles sont aussi sages qu'en France et peut-être un peu plus !

« Je n'ose pas en dire autant des garçons depuis

que j'ai reçu la dernière lettre du P. Louis de Saint-Orens, qui a dans son district un orphelinat d'enfants ; je cite textuellement :

« Dans une quinzaine de jours, je commencerai
« la mission. En attendant, je m'occupe des enfants :
« je tâche de les civiliser un peu ; mais je dois vous
« avouer que, jusqu'ici, je n'ai guère réussi. Quelle
« patience ne faudrait-il pas avoir avec ces enfants
« venus, pour la plupart, du paganisme et apportant
« en conséquence des mœurs païennes à l'école ! *Qué-*
« *soun, boulurs, ménturs, téstuts, féniants, arnégai-*
« *rés, bataillairés è escamustrats* (1) !..... Trente-
« cinq gamins me donnent plus d'occupations et de
« soucis que tout le district ensemble ! »

« Voilà un tableau aussi complet que possible...
je n'y ajouterai pas un mot. Heureusement que le
bon P. Louis a d'autres consolations. Dans la même
lettre, il ajoute :

« Nous avons eu ici une jolie petite fête, le jour
« de Pâques : sept enfants et le vieux boiteux de la
« Résidence ont fait leur première Communion.
« Beaucoup de chrétiens et de catéchumènes sont
« venus. Le Jeudi-Saint et le saint jour de Pâques, j'ai
« eu 74 confessions et 71 communions. — J'espère que
« dans la ville de Houan-Hien nous aurons bientôt
« une petite chrétienté : le chef d'une famille, compo-
« sée au moins de vingt personnes, se fait chrétien ;
« celui-là je le crois sérieux : il a fait ses preuves. »

(1) Traduction du gascon : *ils sont voleurs, menteurs, enté-tés, paresseux, blasphémateurs, querelleurs et impertinents.*

« Heureux P. Louis, il peut déjà travailler, en bon missionnaire qu'il est, à la conversion de nos pauvres païens ! Plaise à Dieu que ce bonheur me soit bientôt donné !

« Maintenant, une nouvelle !... On vient d'acheter à 3/4 d'heure de distance, une maison pour le Grand et le Petit-Séminaire. Dans très peu de temps, peut-être un mois, le transfert sera fait. Il est fortement question de nous envoyer là avec le P. Anselme... Nous sommes prêts à obéir avec la bénédiction de la sainte obéissance. Je vous dirai la prochaine fois ce qui aura été décidé.

« M. Salles m'a écrit deux fois et m'a fait parvenir un certain nombre de *Semaines religieuses d'Auch*, ainsi qu'un almanach patois l'*Armanac dé Gascougno*. Il a été bien aimable et je lui ai écrit toute ma reconnaissance. J'ai reçu aussi la lettre affectueuse de l'abbé Béreilh, toujours si aimable. Vous lui ferez parvenir, je vous prie, le petit billet que vous trouverez dans ce pli. — Merci de tout cœur à la bonne Mme Dassy pour les *Annales de Lourdes* : je suis reconnaissant devant Dieu ; je prie pour ses enfants, ses épreuves. (Gabriel doit être remis, je pense !)

« Affection, je vous prie, au si cher Monsieur le Curé, à Mlle Anna, aux religieuses. Souvenir affectueux à tous nos parents et amis, aux familles Dutrey, Escoubès, Gouanère, Rousset, Laporte, Campaignolle, Zacharie ; un mot particulier à Aurélie Lapayrère, et mon respect à Mme Ducom. Pour vous tous, mes bien chers, je vous embrasse avec toute l'affection dont je suis capable, depuis la petite Berthe, ma chère Aurélie, papa, maman, jusqu'à mon cher oncle Marsan.

« Votre enfant,

« Fr. Apollinaire, O. F. M. »

« Dites à l'abbé Gendre toute mon affection, quand vous le verrez. »

Conformément à l'antique usage de l'Église catholique, il y a eu à Tché-Fou, le Samedi-Saint, baptême d'adultes avec toute la solennité indiquée dans la liturgie du jour ; le P. Apollinaire en fait le récit au P. Godefroy :

Tché-Fou, 30 avril 1902.

« Bien cher Révérend Père,

« Depuis ma dernière lettre, les belles fêtes de la Semaine-Sainte et de Pâques ont mis un peu de vie à la Mission. Toutes les cérémonies du Jeudi-Saint, du Vendredi-Saint et du Samedi-Saint ont été faites exactement à la cathédrale. Monseigneur les a présidées à peu près toutes, ce qui leur donnait un éclat particulier. Les fidèles sont venus très nombreux. Les trois jours, Matines et Laudes étaient psalmodiées en deux chœurs bien fournis. Le Jeudi-Saint, nous avons eu la bénédiction des Saintes-Huiles et, pendant la nuit du Jeudi au Vendredi, l'adoration nocturne. Le Samedi-Saint, une cérémonie bien touchante nous était réservée : Monseigneur a donné le baptême à cinq adultes ; je remplissais l'office de sous-diacre, aussi ai-je pu être témoin de très près de chacune des parties de l'administration sainte. J'ai éprouvé des émotions profondes, surtout quand Monseigneur a fait couler l'eau baptismale sur le front des baptisés. — Les communions pascales ont été des plus consolantes : à peu près tous les chrétiens chinois ont fait leur devoir. Malheureusement, les quelques Européens catholiques que nous avons ici n'ont pas été si fidèles : toujours les mêmes ! Le jour de Pâques, naturellement, nous avons eu grand'messe pontificale avec toute la pompe possible : le chant des bonnes Religieuses Franciscaines Missionnaires rehausse très avantageusement toutes nos fêtes et nos chers séminaristes font vraiment tout ce qu'ils peuvent et... ils réussissent parfois.

« Nous avons eu des nouvelles de tous les chers missionnaires de l'intérieur par les courriers qui sont venus prendre les Saintes-Huiles. Tous sont bien et commencent la mission du printemps avec les meilleures espérances.

« Bien vôtre en Notre-Seigneur,

« Fr. Apollinaire, O. F. M. »

Voici le tableau des œuvres catholiques de Tché-Fou envoyé à ses parents :

Tché-Fou, 28 mai 1902.

« Mes bien chers,

« J'ai reçu votre dernière lettre qui m'apportait la nouvelle de la mort de notre chère tante Anna Dutrey. Cette mort imprévue et si rapide m'a fait une peine cruelle : enfin, pourvu qu'elle ait obtenu miséricorde devant Dieu ! Tous les jours, à la sainte messe, je prie pour elle. Une de mes grandes consolations de prêtre, c'est toujours de pouvoir porter chaque matin nos chers morts au saint Sacrifice ; j'espère que cette fidélité me vaudra quelque miséricorde quand mon tour de paraître devant Dieu sera venu.

« Ici, nous n'avons pas grand'chose de nouveau. La chaleur commence à se faire sentir très fortement : le soleil est terrible ! Heureusement qu'un petit vent frais du Nord tempère toujours cette chaleur. Les campagnes sont magnifiques et les récoltes s'annoncent très belles. Le blé, le riz, le millet, etc., ont déjà leurs épis depuis quelque temps ; la moisson aura lieu au mois de juin sans difficulté.

« La Mission est en plein dans les bâtisses. Les murs d'une imprimerie montent rapidement ; on construit à côté une maison pour les œuvres ; le nouveau Séminaire s'approprie tous les jours ; les bonnes Sœurs ne peuvent plus recevoir de nouvelles pensionnaires européennes : tout est plein ;

— elles doivent bâtir une nouvelle aile, afin de faire face aux demandes. Nous attendons tous les jours les bons Frères Maristes qui doivent venir fonder une école à Tché-Fou : école européenne et école chinoise ; tout semble alors devoir aller à merveille ! Les protestants ont ici un grand collége de garçons et un grand pensionnat de filles ; il paraît qu'ils commencent à s'inquiéter des développements de notre Mission.

« Nos bonnes Religieuses font merveille : schismatiques, protestants et même... juifs, multiplient leurs demandes ; elles ont cinq petites filles juives qui assistent aux offices et récitent le catéchisme comme les meilleures catholiques. La communauté de l'hôpital n'est pas moins zélée. Il y a quelques jours, un jeune Anglais luthérien tombait malade (il était employé de la douane) ; touché des bons soins des Sœurs et de la charité de Monseigneur qui allait le visiter de temps en temps, il a demandé à s'instruire de notre religion. Au bout de quelques jours, il reconnaissait la fausseté du protestantisme et demandait le baptême. Monseigneur le baptisa, le lendemain lui fit faire sa première Communion et lui donna la Confirmation ; peu de temps après il mourait, bénissant le bon Dieu de la maladie qui lui avait valu la grâce de trouver la vérité. Au ministre protestant qui venait l'exhorter quelque temps avant sa mort, il dit simplement : « Je vous remercie, Monsieur ; avec la grâce de Dieu, je suis maintenant catholique et je veux mourir en catholi-

que. » — Il y a trois jours, quatre matelots d'un
bateau chinois étaient victimes d'un accident assez
grave ; l'un d'eux surtout avait le ventre percé et les
intestins sortaient par la blessure. On transporta
les blessés à l'hôpital. Les bonnes Sœurs, après
avoir tâté le terrain, appelèrent Monseigneur auprès
du mourant, qui lui déclara qu'il connaissait les
catholiques qui sont nombreux dans son pays ; sans
la moindre difficulté, il accepta de s'instruire. Monseigneur lui donna en toute hâte les vérités nécessaires pour pouvoir recevoir le baptême ; tandis
qu'il était encore en pleine connaissance, Monseigneur le baptisa ; la nuit suivante, il était mort. —
Qu'il est consolant le ministère du prêtre et des
religieuses en mission !...

« A Dieu ! je vous embrasse tous.

« Votre enfant,

« Fr. Apollinaire, O. F. M. »

Le Fr. Herman, qui a été son élève à Bordeaux,
fait son noviciat au couvent de Pau : son cœur suit
en Chine son ancien maitre, et lui demande quelles
sont les qualités requises pour faire un bon missionnaire.

Le P. Apollinaire répond :

Tché-Fou, 1902.

« Mon bien cher Frère,

« Bien cher ami, il n'y a pas le moindre doute à
se faire : le bon Dieu peut évidemment se servir

de qui il veut pour faire son œuvre, mais les ouvriers de son choix comme de son cœur sont, croyez-le bien, en Chine comme en France, les bons, les fidèles Religieux. Ce sont ces Religieux qui font le bien solide, sans éclat, sans tapage, mais véritablement. — Pendant votre noviciat qui touche à sa fin, vous avez cimenté les fondements d'une vertu solide ; bien cher, continuez à former en vous un *religieux trempé*, vous préparerez ainsi votre futur apostolat.

« Ne négligez pas votre santé, une santé commune suffit. J'ai déjà offert à Dieu depuis longtemps mes souffrances et ma mort pour la conversion de nos pauvres païens. — Quand vous écrirez chez vous, dites à vos bons parents que je prie pour eux : je leur demande aussi une petite prière.

« Je vous embrasse en Jésus, Marie, Joseph, François.

« Votre petit frère,

« FR. APOLLINAIRE, O. F. M. »

La loi de 1901, élaborée en France contre les Congrégations religieuses, commence à recevoir une lamentable exécution. A Manciet, l'école catholique, confiée aux Religieuses, est particulièrement atteinte. P. Apollinaire vénérait ces humbles filles si dévouées et si populaires dans son pays natal ; il est désolé quand il apprend qu'elles vont être forcées de s'en aller et d'abandonner une population dont depuis un demi-siècle elles justifiaient si bien la confiance. Ses lettres à ses parents feront souvent allusion à ce qu'il considère comme une véritable catastrophe pour son cher Manciet ; il leur écrit :

Tché-Fou, 25 juin 1902.

« Mes bien Chers,

« ..... Quel malheur que notre pauvre patrie ne comprenne pas ses vrais intérêts ! Ici nous ressentons certainement le contre-coup du triste triomphe des sectaires qui abuseront de leur pouvoir un peu partout. Mais, pour nous, c'est peu de chose ; alors même que la protection des consuls nous ferait défaut, ainsi qu'à nos chrétiens, nous nous tirerions bien d'affaire quand même (ce que nous faisons bien souvent déjà), et puis, s'il fallait mourir..... Saint François-Xavier, et tant d'autres apôtres, se préoccupaient peu des protections humaines et des consuls !.....

« ..... Je commence maintenant à comprendre un peu mieux et à être compris : les grosses difficultés de la langue ont disparu, et, peu à peu, je m'assimile le petit bagage nécessaire au missionnaire. Qu'il me tarde !...

« Je continue aussi à faire mes promenades journalières au bord de la mer. Avant-hier, il m'arriva une singulière aventure ; jugez plutôt : J'étais assis sur un petit rocher, au pied duquel venait mourir le flot de la mer lorsque, à quelques mètres, un gamin jeta une grosse pierre à l'eau. A l'instant,

les rochers qui étaient à mes côtés se couvrent
d'une multitude de poissons, longs de douze ou
quinze centimètres, et gros comme un petit manche
de couteau. Je quitte mon siège et je me mets à rem-
plir un mouchoir de ces pauvres poissons. En quelques minutes, vingt-cinq, trente, cinquante Chinois sont accourus avec des paniers et ils ont fait
une prise considérable. C'était tout simplement un
banc de poissons qui était de passage ; ils ont
réussi à l'entourer et à l'effrayer avec leurs barques
et leurs cris (vous n'avez jamais entendu pareils
cris). Je suis rentré à la Résidence avec mon butin,
fier... comme un moine ! Le bon cuisinier n'a su
trouver qu'une expression pour me témoigner sa
joie : « *Chenn fou la fa tsai,* » ce qui signifie :
« Ce Père est bien riche ! »

« Je m'arrête, bien chers, en vous embrassant
tous, de tout cœur, depuis la petite Berthe jusqu'à
mon oncle Marsan.

« Fr. Apollinaire, O. F. M. »

« Mon affection bien respectueuse au cher
M. le Curé et à Mlle Anna. Hier 24 juin, j'ai célébré
la sainte Messe à l'intention de M. le Curé : je
n'avais pas de meilleur et de plus agréable bouquet à lui offrir pour sa fête.

« Affectueux souvenirs à nos bonnes religieuses
(je charge Berthe de la commission), ainsi qu'à
tous nos parents et amis : Dutrey, Escoubés, Cam-
paignolles, Courrèges, Gouanère et aussi à la chère

famille Dassy. — Pour les abbés Gendre et Béreilh tout ce que j'ai de meilleur comme affection.

« Au moment où je vais fermer ce billet, le bon P. Louis nous arrive comme un bombe : nous ne l'avions pas encore vu depuis notre arrivée. Il est bien toujours le même….. ; sa santé est bonne malgré toutes les fatigues de son ministère. Il vient de visiter toutes les chrétientés de son district. Il est content de sa visite, mais il reste encore bien à faire !... Il sera avec nous une huitaine de jours : vous devinez que nous les emploierons le mieux possible. »

Un commencement de Séminaire indigène existait à Tché-Fou. A la demande de ses missionnaires, Mgr Césaire lui avait donné pour patron le patron même de la Province d'Aquitaine, saint Louis d'Anjou, évêque de Toulouse. Il fallait à cette œuvre un Supérieur particulier et un nouveau local. Depuis sept ou huit mois, Mgr Césaire voyait à l'œuvre le P. Apollinaire ; il remarquait chez lui une précoce maturité et un jugement qui, à l'occasion, pouvaient remplacer l'expérience et compenser le jeune âge ; du reste, religieux exemplaire et, dans les limites de l'obéissance, dévoré des saintes ardeurs de l'apostolat, le P. Apollinaire lui paraissait devoir être un modèle pour les aspirants au sacerdoce. Son choix se porta donc sur lui ; le 16 juillet, Sa Grandeur lui envoya son titre de Supérieur ; nous le transcrivons :

LE P. APOLLINAIRE DE MANCIET,
photographié aux Grottes de Brive (*Août 1901*).

In nomine Domini.

Au Révérend Père Apollinaire Dufrançois, O. F. M.

Missionnaire apostolique.

Très cher Père,

Par les présentes, je vous nomme Supérieur et Directeur du Séminaire de Saint-Louis-d'Aquitaine.

Je vous donne donc toutes les facultés spirituelles et temporelles pour que vous puissiez gouverner avec consolation tous ceux qui vous sont confiés dans cette résidence du Séminaire, c'est-à-dire élèves et personnel.

Je prie le Seigneur de bénir vos œuvres et qu'Il vous ait en sa sainte garde.

Fait à Tché-Fou, en la fête de N.-D. du Carmel, 16 juillet 1902.

† Fr. Césaire Schang, O. F. M.

Év. Vic. Ap. du Chant. or.

L † S

Assurément ce n'était pas le labeur qu'avait rêvé le P. Apollinaire : si honorable fût il, il ne répondait en rien aux aspirations intimes dont son âme vivait, en quelque sorte, depuis près de quinze ans. De même que ses compagnons de route, les PP. Henri et Anselme, il était impatient de s'en aller dans les régions idolâtres pour y prêcher le Nom de Jésus. Mais, avant tout, homme d'obéissance, il inclina sa volonté et la soumit joyeusement à ce qui lui paraissait être la volonté même de Dieu.

C'est dans les termes suivants qu'il annonçait au P. Othon cette importante nouvelle :

Tché-Fou, 3 août 1902,
Du Séminaire Saint-Louis d'Anjou.

« Très Révérend et bien-aimé Père,

« Je vous écris de la solitude de notre Séminaire. Aujourd'hui, dimanche, les enfants et les domestiques sont allés à la cathédrale et je reste seul ; je me réjouis du silence qui m'environne pour être bien tout entier avec vous pendant quelques instants

« Monseigneur, comme vous le savez, a jugé bon d'acheter une maison à trois quarts d'heure environ de la Résidence, un peu hors ville, pour en faire un Séminaire. Depuis quinze jours, le transfert a été fait, et Monseigneur a mis sur mes pauvres épaules les charges et les responsabilités de cette nouvelle fondation. Vous me connaissez assez, mon Très Révérend et bien-aimé Père, pour deviner comment j'ai accepté l'obédience qui m'impose des devoirs dont je crois comprendre devant Dieu toute l'étendue. Comptant mille millions de fois plus sur la grâce et le mérite de l'obéissance que sur mes pauvres forces, je suis venu ici, avec crainte sans doute, mais aussi avec la joie d'obéir et les meilleurs désirs.

« Depuis quinze jours, je me trouve en face de bien des difficultés. D'abord, notre maison n'a pas

été faite pour un Séminaire ; il a fallu tout distri-
buer, organiser. Dès le premier jour, nous avons
improvisé un autel pour notre petite chapelle ; un
large chambranle sert de table d'autel, la cheminée
est bouchée ; devant, nous avons un marchepied en
briques et en planches ; le tout est bien convenable, si bien que Monseigneur nous permet d'avoir
la sainte Réserve. Peu à peu, nous avons organisé
le dortoir, le réfectoire, l'étude et les diverses
chambres ; aujourd'hui, tout semble à peu près
fini : ce n'est pas trop tôt. Monseigneur est venu
dîner ici, mardi dernier, avec Mgr Hoffmann (Visi-
teur) et le P. Anselme ; le pauvre P. Henri, toujours
sur la brèche : quel exemple !... n'a pas pu venir ;
j'espère cependant l'avoir demain, fête de saint
Dominique ; je l'ai invité à venir nous bénir une
statue de la sainte Vierge, très jolie, que Monseigneur nous a offerte. Mgr Hoffmann a trouvé admirable la situation de notre maison ; les paysages
qui nous entourent sont, en effet, incomparables.
Au sud et sud-ouest, nous avons une plaine ver-
doyante et accidentée, entièrement couverte, en ce
moment, de moissons splendides ; c'est du sorgo,
c'est du millet, c'est du maïs, ce sont des haricots,
ce sont des plants de ti-kono dont le fruit est en
terre comme la pomme de terre. Cette plaine, qui a
bien près de deux kilomètres, est limitée par une
chaîne de montagnes verdoyantes. Au nord et nord-
est, c'est la mer avec une très jolie vue sur le port ;
du Séminaire au rivage, la distance est de 800 mè-

très à peu près et, de ce côté encore, les moissons
sont verdoyantes et s'annoncent bien. A l'est,
comme à nos pieds, s'étend toute la ville de Tché-
Fou ; le clocher de la cathédrale paraît très bien ;
avec une longue vue, il nous serait très facile de
nous faire des signaux.

« Les premières maisons de la ville sont à 300 ou
400 mètres du Séminaire, ce qui nous met à l'abri
de certaines odeurs, les plus chinoises possibles !
Vous n'avez rien vu ni senti de pareil. Tous les
dimanches et jours de fête, les séminaristes vont à
la cathédrale ; je les accompagne le plus souvent ;
pour eux, c'est une partie de plaisir, mais pour le
Père... Ces rues, de vraies étuves, où chacun fait sa
cuisine (quelle fumée parfois !) ces rues, de vrais
chefs-d'œuvre de saleté, où il faut enjamber un peu
de tout, poutres de charpentiers, pierres et mortier
de maçons, mares de... saleté, qui sont loin d'être
incolores et sans odeur !... ces rues, dis-je, sont un
vrai supplice et une fatigue peu ordinaire, surtout
avec la chaleur extraordinaire que nous avons
depuis quelques jours. Hier, je suis allé gagner l'In-
dulgence de la Portioncule ; il m'a fallu changer
deux fois de linge ; aussi Monseigneur m'a-t-il
donné une très large permission pour me dispenser
d'aller à la Résidence. Vraiment, le bon Dieu me
donne des forces que j'avais désespéré voir revenir.
Je puis travailler sans difficulté un assez long temps
et sans fatigue ; deux fois la semaine, une fois en
latin pour les théologiens et les philosophes ; une

fois en chinois pour tous réunis, je fais une instruction d'un quart d'heure ou vingt minutes. Nous sommes en vacances ; à la rentrée, qui aura lieu au commencement de septembre, je ne sais pas trop ce que Monseigneur désirera organiser. J'espère que le P. Anselme viendra ici pour continuer son professorat...

« En ce moment, il y a douze séminaristes au Séminaire ; trois sont à la Résidence pour servir les messes et aider pendant les vacances, un est avec le P. Louis ; quatre ou cinq nouveaux doivent nous arriver sans trop tarder. Selon toute espérance, le 8 septembre, nous aurons au Séminaire plus de vingt élèves.

« Je me mets à genoux et je vous prie de me bénir d'une manière bien particulière ; plus que jamais, je vous supplie de prier pour votre enfant le plus affectueux et reconnaissant en Notre-Seigneur et saint François.

« Fr. Apollinaire, O. F. M. »

Notre nouveau Supérieur se mit immédiatement à l'œuvre. Il fallait installer, organiser et travailler. Au milieu des païens, sa besogne n'eût certainement pas été plus grande. Mais tout cela allait merveilleusement à son esprit d'obéissance et à son activité ; aussi, dès les premiers jours, réalisa-t-il une somme énorme de travail, et cela devait continuer de ce même train jusqu'au jour où, terrassé par la maladie, il eut l'intuition douloureuse, mais

résignée, que l'heure de l'éternel repos allait son-
ner.

Le Séminaire de Saint-Louis d'Anjou fut la dernière grande affection de son âme apostolique ; il
écrivit à ses parents qu'elle dépassait toutes les
autres. A la première heure, il se donna corps et
âme à cette œuvre : dans ses lettres, on voit qu'il
ne vit que pour elle ; il est tout entier à ses chers
élèves ; il les veut bons, pieux, studieux, bien por-
tants ; il veut surtout qu'ils soient de dignes élèves du sanctuaire pour être plus tard des prêtres
selon le Cœur de Dieu.

Les lettres suivantes nous feront entrevoir ses
travaux et ses consolations :

Séminaire Saint-Louis d'Anjou
Tché-Fou, 13 octobre 1902.

.   .   .   .

« Votre lettre, chère maman, est venue me trouver au milieu de la retraite préparatoire à l'ordination d'hier, 12 octobre, que j'ai prêchée à six de
nos enfants, dont l'un a été fait sous-diacre et cinq
successivement tonsurés et minorés. Elle a apporté
la note triste (1) à une de mes plus grandes joies.
Comme le bon Dieu est bon pour votre enfant ! —
Vous me demandez des nouvelles de ma santé :

(1) Le départ de Manciet des Religieuses qui dirigeaient
l'École libre.

pour vous dire au juste en quel état je suis, songez
que depuis le 8 septembre jusqu'au 1er octobre, j'ai
fait la classe deux et trois fois par jour, j'ai pu préparer mes instructions aux enfants et mener de
front l'administration du Séminaire ; *j'ai pu faire
cela sans fatigue excessive* ; j'ai même pu préparer
nos six ordinands à l'ordination, malgré les fatigues
inhérentes à une retraite. — C'est lentement que
je sens les forces revenir ; tant que le bon Dieu
voudra ! Mais je lui ai promis de consacrer toutes
mes forces à son service. — Depuis le 1er octobre,
Monseigneur a envoyé le P. Anselme comme professeur de philosophie au Séminaire : cela me
décharge d'autant, mais il y aura encore de quoi
m'occuper, croyez-moi ; je dois faire la théologie,
l'histoire ecclésiastique, l'instruction religieuse, etc.

« Je dois vous annoncer une nouvelle qui fera
bien plaisir à tous, mais particulièrement, je le
crois, à la chère maman. — Figurez-vous que le
11 septembre, vers midi, (notez que c'était la veille
de ma fête), un domestique arrive précipitamment
dans ma chambre : « Père, une femme chrétienne
« est à la porte, et te demande le baptême pour un
« enfant très malade. » Je prends vite le chapeau et
le Rituel et je trouve ma brave Chinoise qui me
raconte tout au long que l'enfant de sa fille est très
malade. « Marche devant, lui dis-je, tu nous indi-
« queras le chemin de ta maison. — Mais, Père, je
« ne veux pas que tu viennes, ajoute la femme, il y
« a des païens dans la maison de ma fille. — Qu'im-

Séminaire Saint-Louis d'Anjou à Tché-Fou, Chang-Tong oriental (1902, Chine).

« porte, lui dis-je. — Non, non, je te l'apporterai. »
Je compris qu'il ne s'agissait pas d'un cas de nécessité.

« ... A 2 heures, ma bonne chrétienne, lentement,
sur ses petits pieds, m'apporte sa petite-fille, em-
maillotée dans de vieilles nippes. Oh ! comme j'étais
heureux ! « Quel nom voulez-vous lui donner ? dis-
« je à la bonne femme. — Que le Père choisisse
« lui-même, répond-elle aussitôt. — En l'honneur
« de mes deux bonnes mères, celle du ciel et celle
« de la terre, nous l'appellerons *Marie,* si tu veux,
« ajoutai-je. — *Hing, Hing.* Cela convient, c'est
« bien, » dit la grand'mère. — Chère maman, l'âme
d'un petit ange sera désormais votre protectrice
ici-bas. Quelle joie pour mon cœur ! — Le lendemain de cet heureux jour était la fête de mon saint
Patron : grande fête au Séminaire ! Le P. Henri et
un autre Père missionnaire sont venus dîner ici.
Après dîner, nous avons fait l'érection d'un *Chemin
de Croix* dans l'oratoire du Séminaire.

« Je vous embrasse tous et de tout cœur depuis
la petite Berthe jusqu'à mon cher oncle Marsan.

« Affections à tous nos parents, amis et voisins.
Un mot de particulière affection aux abbés Béreilh
et Gendre, à M. Rousset, aux familles Dassy, Campaignolle, Corrèges, Escoubés, Gouanère, Dutrey,
etc., etc.

« Votre enfant,

« Fr. Apollinaire, O. F. M. »

Le recrutement du Séminaire de Tché-Fou a certaines analogies avec le recrutement du Collège séraphique de Bordeaux : l'ancien professeur du Collège raconte à son ancien Directeur l'arrivée des premières recrues :

Séminaire Saint-Louis d'Anjou,
25 octobre 1902.

« BIEN CHER RÉVÉREND PÈRE ET AMI,

« En sortant de la Messe, on est venu m'annoncer que quatre petits nouveaux séminaristes, que nous attendions un de ces jours, étaient arrivés. Il a fallu s'occuper aussitôt de leur installation : ils n'apportent avec eux à peu près rien comme linge, habits, etc... ; nous nous arrangeons comme nous pouvons ; il faut s'ingénier et la bonne Providence fait le reste. Oh ! croyez-moi, les élèves du Collège séraphique sont autrement installés que nos enfants, mais tout est bien convenable dans la simplicité et la... propreté, à laquelle il faut veiller d'une manière bien particulière. L'arrivée des quatre nouveaux porte notre nombre à vingt et un ; nous pouvons encore en recevoir d'autres. Je pousserai à la roue tant que je pourrai pour dépasser le nombre *trente* le plus tôt possible. Si les sujets sont nombreux, on peut plus facilement faire des triages, aussi nécessaires, et un peu plus encore, ici qu'en France.

« Bien vôtre en Notre-Seigneur.

« FR. APOLLINAIRE, O. F. M. »

Deux mois plus tard, il raconte au P. Othon les premières grandes joies que lui apportait l'œuvre si importante confiée à son dévouement.

Séminaire Saint-Louis d'Anjou.
4 décembre 1902.

« Très Révérend et bien-aimé Père,

« Pour ce qui est des souvenirs que vous évoquez dans votre petit mot : Cravencères... Sainte-Claire... l'heureux moment passé dans le bois... oh ! comme tout cela est vivant dans mon esprit et dans mon cœur. Le souvenir de ces dix jours passés dans l'intimité du cher Cravencères, me reste comme s'il était d'hier : c'est le dernier rayon de joie dans notre chère patrie que je... ne reverrai plus !

« Nous partageons vos tristesses, mon Très Révérend Père, au sujet de notre chère France, vos craintes aussi au sujet du péril qui menace les Congrégations en général, et notre chère Province. *Parce, Domine, parce* POPULO TUO ! — Et dire qu'ici, au pays de Confucius, qui est aussi le pays du diable quelque peu, nous avons la liberté la plus grande, de plus en plus. Si bien que *l'originale* phrase de *l'original* abbé Gendre, dans une de ses lettres, pourrait bien n'être pas si drôle : « Formez bien vos élèves, car si le courant qui entraîne la France dure cinquante ans, vos élèves, devenus maîtres, enverront leurs élèves missionnaires dans la nouvelle France, et ils pourront espérer d'y trou-

Église de l'Hôpital Sainte-Claire.

ver le martyre. » Je m'aperçois que je m'égare ; c'est sans doute la solitude qui m'environne qui en est cause.

« Le P. Anselme est en effet sorti pour faire une promenade avec les enfants : il faut voir comme il les fait marcher ! Je le regardais tout à l'heure, quand ils sont partis ; il marchait en tête, à grands pas, heureux, riant, causant chinois avec son petit monde qui le suivait aussi vite que possible et aussi heureux que lui. J'ai joui de ce spectacle quelques instants, de notre véranda, puis je me suis mis à la préparation de l'instruction que je dois faire ce soir, en latin, comme tous les jeudis. Après un bon moment, j'interromps et je suis avec vous pour me distraire un peu : c'est d'ailleurs assez rare !

« Je veux vous annoncer une bonne joie que le bon Dieu m'a ménagée, depuis que je vous ai écrit.

[Le Père raconte le baptême dont il a été question dans la lettre du 13 octobre.]

« Que le bon Dieu est bon et quel bouquet heureux ménagé par mon bienheureux Patron !

« Entre d'autres joies intimes, je dois aussi vous signaler, pour vous la faire partager autant que possible, celle qui me fut accordée, le 12 octobre. J'ai dû préparer cinq de nos enfants, bien braves, à la Tonsure et aux Ordres Mineurs : ils sont allés à l'ordination comme des anges... Je n'étais certainement pas, je crois, dans leurs dispositions saintes, lorsque j'ai reçu ces grâces.

« J'aurais tort de vous laisser croire, Très Révérend et bien-aimé Père, que tout n'est que joies ici, il y a aussi, vous le devinez, des heures d'épreuve, de tristesse, de préoccupations morales : il faut bien que je sente mon inexpérience et le pauvre homme que je suis ; eh bien ! oui, je les sens parfois les responsabilités qui m'incombent, mais mon âme est rarement troublée outre mesure, car je sens la grâce de Dieu qui supplée ma misère, et puis je ne fais qu'*obéir !* — Bien-aimé Père, ayez pitié de votre enfant dans vos bonnes prières, bénissez-le de temps en temps, ainsi que notre cher Séminaire.

« Grâce à Dieu, nous faisons bon ménage avec le P. Anselme. Le P. Henri a reçu une magnifique statue de saint Louis, notre bien-aimé Patron ; il l'a offerte au Séminaire, ainsi qu'une belle statue de la Vierge franciscaine (Monna). Vive Marie et saint Louis d'Anjou !

« Le P. Louis m'a écrit un de ces jours : il est, l'heureux mortel, en pleine mission, au centre du Vicariat. Il me racontait en quelques lignes son pénible, périlleux, mais heureux voyage pour gagner le district où il devra travailler désormais ; et peut-être que la marmite à fricasser l'ex-abbé Gautié l'attend là (1) !

« Je prépare un enfant à la grande grâce du sacerdoce : au mois de mai prochain, si le bon Dieu le

---

(1) Allusion au supplice que le P. Louis, étant encore au Grand-Séminaire, se représentait comme pouvant lui être destiné ; il avait avoué à son Supérieur que parfois il se voyait frire dans une immense marmite.

permet, il sera fait sous-diacre, diacre, prêtre !
Vous connaissez assez mon âme, bien-aimé Père,
pour en avoir pitié dans une affaire si importante.
Je sens toujours le désir de devenir meilleur et je
suis toujours le même ! »

Avec ses vœux de bonne année et avec son aimable enjouement, le P. Apollinaire présente un
tableau résumé de ses œuvres au T. R. P. Raphaël
Delarbre, d'Aurillac, ancien Procureur général de
l'Ordre des Frères Mineurs, Provincial actuel
d'Aquitaine :

Séminaire Saint-Louis d'Anjou,
10 décembre 1902.

« Mon Très Révérend Père,

« On vous écrase de lettres à l'occasion du 1er
Jour de l'an. Elles vous viennent de tous pays,
même du pays de Confucius, qui est aussi quelque
peu le pays du diable !..... Heureusement qu'il est
aussi le pays de nos martyrs, et nous sommes les
frères et les fils de ces glorieux... Permettez, Très
Révérend Père, à l'un des plus petits parmi ces
derniers, de venir vous dire ses vœux les meilleurs
à l'occasion de l'année nouvelle.

« Bonne et sainte année, mon Très Révérend
Père, pour vous d'abord et puis pour notre chère
mère-province. Que le bon Dieu éloigne d'elle l'orage terrible qui semble la menacer. — Tous les

matins, au saint Autel, je prie à cette intention, et
pour la fête de tous nos Saints, j'ai été heureux d'offrir mon intention du mois pour intéresser nos
Saints à cette grande cause, d'une manière plus
spéciale.

« Encore donc, et de tout cœur, bonne et sainte
année !

« Ma santé se maintient toujours ; je prépare en
ce moment un de nos chers enfants aux grâces du
Sous-Diaconat, Diaconat et Prêtrise ; il les recevra,
si le bon Dieu ne met pas d'obstacle, dans les premiers mois de l'année nouvelle, vers le mois de mai,
je pense. Je le recommande à votre Paternité,
mon Très Révérend Père, ainsi que le pauvre
homme que je suis. Bénissez-nous, je vous prie,
avec notre cher Séminaire. Nous avons vingt et un
élèves en ce moment ; nous sommes assez satisfaits
et pour la discipline et pour les études : que le bon
Dieu nous aide toujours, et qu'il continue à suppléer à notre inexpérience.

« Votre enfant humblement respectueux et obéissant en Notre-Seigneur et saint François.

« Fr. Apollinaire, O. F. M. »

Récit pittoresque des fêtes du *Premier de l'An*
chinois adressé à ses parents :

Séminaire Saint-Louis d'Anjou.
Tché-Fou, 7 février 1903.

« MES BIEN CHERS,

« Nous sommes en vacances depuis dix jours ; je saisis un instant pour vous écrire au galop, car les vacances ne sont guère des vacances pour moi. Je viens de terminer à l'instant mon instruction chinoise pour demain dimanche. (Comme c'est dur à cuire le pain quotidien !) Hier, j'achevais aussi un travail long et que j'avais bien à cœur de terminer. Me voilà donc un peu libre pour la matinée, jusqu'à ce soir où j'aurai les confessions de tout notre monde. Bien chers, aidez-moi à remercier le bon Dieu pour les forces qu'il continue à me conserver et les grâces qu'il ne cesse de prodiguer à la chère Œuvre qu'il m'a confiée. Notre Séminaire compte toujours vingt et un enfants : quelques-uns sont enrhumés, mais à peu près tous se portent à merveille. Ils jouissent des quinze jours de vacances que leur a valu le 1er de l'An chinois qui, commencé le 29 janvier, ne finira que le 12 février. Quelle curieuse chose le 1er de l'An chinois !

« Trois jours avant la fête, il y a grande foire : il faut tout acheter, pour huit jours au moins ; la viande, les légumes, le pain... les pétards, etc., etc. Malheur à celui qui ne fait pas ses provisions, car la veille du 1er Jour de l'An, toutes les boutiques sont fermées et c'est en vain que vous chercheriez du pain, de la viande, etc..., pendant cinq jours. — Dès la veille encore, tout le monde fait sa provision d'eau pour trois jours; personne ne doit aller aux puits *où pendant ces trois jours se trouvent des serpents dont le seul contact est mortel.* (Pauvres païens !) J'ai pu me rendre compte de la singularité de ces choses d'une manière pratique : notre brave homme d'affaires a dû faire ses provisions pour huit jours, pour *tous les articles du ménage* et, comme le huitième jour, le pain chinois est venu à nous manquer, nos enfants ont failli dîner... par cœur ! Par grâce et par privilége, et parce que c'était presque la fin du cinquième jour de la nouvelle lune, notre boulanger a daigné remettre la main à la pâte... et le dîner a été seulement retardé d'une heure !

« Le 1ᵉʳ Jour de l'An, nous sommes allés à la Résidence ; nous avons dû, par conséquent, traverser à peu près toute la ville. Les maisons sont couvertes d'affiches bariolées de caractères dont le sens général est : « Passants, que la divinité vous accorde « la félicité et les richesses. » Le caractère *fou* qui signifie bonheur, se lit un peu partout : sur les portes, les cheminées, les bornes du chemin, les piquets disséminés ça et là. Pauvres gens ! ils croient avoir le bonheur lorsqu'ils ont devant les yeux le caractère qui le signifie. Que ne le cherchent-ils ce bonheur là où il est véritablement ! Dès le milieu de la nuit, armés d'une lanterne, les bons Chinois ont commencé leurs visites à leurs parents, à leurs amis. A 7 heures, lorsque nous passons dans la rue, nous rencontrons des familles entières, grand-père, fils, petit-fils, etc., — vêtus de leurs plus beaux habits — qui continuent leurs visites : elles se font ainsi en corps, la famille réunie. Ce sont des pratiques heureuses que celles-là et qui ont pour fondement le culte familial auquel le Chinois est fortement attaché.

« A 4 heures, le soir, lorsque nous rentrons au Séminaire, c'est un bien autre spectacle. Les rues où grouillent continuellement une foule de gens sont absolument désertes ; toutes les portes sont fermées à clef : à l'intérieur, on entend une curieuse musique de cymbales, de flageolets ou plus généralement de marteaux frappant en cadence sur des plaques de fer. On est à table à l'intérieur, depuis plus de quatre heures de temps, et on a mangé... Dieu sait quoi et combien... on a bu... du vin de millet, de l'eau de vie chinoise, mais en quantité !... Vous n'avez pas idée de la voracité de ces pauvres gens... ils ne mangent guère de viande que pour le 1ᵉʳ de l'An, mais que de viande il leur faut !... Impossible d'exprimer mes impressions en traversant ces rues désertes, en songeant à ces intérieurs de droite et de gauche, où des gens repus et ivres à peu près tous, jouissent de leur bonheur païen aussi vil que grossier.

« Le dimanche, troisième jour de la lune, passant par le même chemin, nous étions témoins du même spectacle. — Le sixième jour de la lune, quelques boutiques commencent à s'ouvrir : on peut se procurer le nécessaire, mais chèrement. Il faut attendre que le quinzième jour soit passé, pour acheter dans les grandes boutiques, et à un prix convenable.

« J'oubliais de vous parler des pétards, les fameux *pao-tchân*, sans lesquels toute fête chinoise est incomplète. — Le Chinois a une vraie passion pour ces pétards ! Plus d'un mois à l'avance, les enfants ont commencé à me rappeler que les pétards étaient de règle et, chaque fois que nous passions dans la rue, ils me faisaient remarquer avec envie les multiples étalages de *pao-tchan*. Le Chinois est très habile pour la fabrication de cet article dont la consommation est inouïe, c'est le mot. — Je me demandais, plus nous approchions du Jour de l'An, comment il faudrait régler nos petites finances pour faire l'achat tant désiré ! Le bon Dieu est venu à mon aide ; la veille du fameux jour, Monseigneur est venu dîner au Séminaire, avec un prêtre séculier alors à la Résidence. Ce dernier, spontanément, m'offre 2 *tiao*, un peu plus de 4 fr., avec la clause « pour acheter des *pao-tchan*. » Dire la joie de notre petit monde serait difficile. Comme je leur demandais : « Mais enfin, pourquoi éprouvez-« vous tant de plaisir à entendre ces pétards qui vous « cassent les oreilles ! » Ils me répondaient avec une physionomie expressive : « *Oh ! chen-fou, hao t'ing,* « *hao K'an !* Oh ! Père, c'est si beau à entendre « et à voir ! » — Pendant trois jours, ils s'en sont donné à cœur joie...

« Je m'arrête, bien chers ; je ne vous ai parlé que de la Chine !... N'y aurait-il plus de place que pour elle dans mon cœur ? car « on parle toujours de ce qu'on aime. » Console-toi, chère Aurélie, tu peux répondre sans crainte à l'abbé Béreilh que je ne t'oublie pas, pas plus que je n'oublie ma chère petite Berthe, papa, maman, mon oncle Marsan, et je vous embrasse tous et chacun. Je n'oublie pas davantage le cher M. le Curé, Mlle Anna, nos parents, nos amis, nos chers voisins : tous ceux qui me sont chers. — Merci de leur souvenir à la famille Escoubés et à la famille Mandron, dont les cartes de visite étaient dans votre dernière lettre.

« Je vous embrasse encore. Votre enfant,

« Fr. Apollinaire, O. F. M. »

Les deux lettres suivantes sont adressées à deux de ses anciens élèves du collège de Bordeaux, jeunes profès dans l'Ordre des Frères Mineurs, et étudiants en philosophie au couvent de Béziers. Elles renferment certaines comparaisons qui ne manquent pas d'intérêt ; mais toujours la note surnaturelle accompagne ou domine la note enjouée.

Au Fr. Hermann :

Séminaire Saint-Louis d'Anjou.
30 mars 1903.

« Mon bien cher Frère,

« Je vous écris ces lignes au soir d'un bien heureux jour pour moi. Ce matin, Monseigneur est

venu au Séminaire pour ordonner un jeune diacre.
Le jour de la Saint-Joseph, patron de la Chine (et
le vôtre...), ce brave enfant avait déjà reçu le sous-
diaconat. Il est allé aux deux Ordinations avec
une piété et des dispositions ravissantes. Que le
bon Dieu est bon, bien cher, et comme sa grâce
est puissante! Comme il est miséricordieux aussi
pour le pauvre homme que vous connaissez.....

. . . .

« Je ne fais pas que du spirituel par ici, croyez-le;
avant-hier, je plantais, devinez quoi?... de la
vigne! Quand vous serez assez aimable pour nous...
faire visite, pour vous rappeler et vous faire oublier
en même temps les raisins et le vin de Béziers et
de Bordeaux, nous serons heureux de vous offrir
une grappe *chinoise!*... et peut-être... pourquoi
pas? un verre de vin *chinois!*... il faut devenir
chinois par ici, tout à fait chinois et s'assimiler le
plus de chinoiseries... bonnes, possible; je dis,
bonnes, car il y a des choses que nos braves Chinois s'assimilent — chinoiseries celles-là — et que
vous vous assimileriez difficilement.

. . . .

« Pauvres Chinois, que nous aimons tant malgré
tout, parce qu'ils ont une âme. Il est vrai que cette
âme est païenne; et Dieu sait combien est triste
l'état de cette pauvre âme.

« Mais, bien cher, comme le bon Dieu aide le
missionnaire dans les mille difficultés qu'il rencontre. Comme il serait insensé s'il comptait unique-

ment sur lui-même, pour faire une œuvre où la seule grâce de Dieu peut agir efficacement. — Au Séminaire, je n'ai pas la vie active des missions ; je me console sans peine en songeant que je travaille, avec la grâce de Dieu, à préparer nos prêtres de demain, prêtres indigènes ; s'ils pouvaient allumer dans leur âme le zèle pour le salut de leurs frères, quel bien ils pourraient faire ! En venant ici, je n'ai fait qu'obéir. Oh ! comme cela me console dans les difficultés et les responsabilités de ma charge.

« Je vous embrasse en Notre-Seigneur et saint François.

« Fr. Apollinaire, O. F. M. »

Au Fr. Firmin :

Séminaire Saint-Louis d'Anjou,
30 mars 1903.

« Mon bien cher Frère,

. . . .

« Vous voulez bien prier pour le pauvre Chinois que je suis. Oh ! continuez-moi, je vous prie, vos bons suffrages : ils me sont bien nécessaires pour porter le moins mal possible les responsabilités que l'obéissance a mises sur mes faibles épaules. Je reste, d'ailleurs, fidèle aussi, à parler au bon Dieu, surtout au saint Autel, du Collége séraphique, de ses élèves anciens et nouveaux : mes anciens élèves ont une place de choix. Nos séminaristes me rap-

pellent assez souvent le souvenir du Collège : quoi
qu'on en dise, les séminaristes chinois sont aussi
coquins, aussi espiègles que les séraphiques, ils ont
aussi, comme eux, un excellent cœur. Comme au
Collège, il me faut faire la lecture des notes de la
semaine ; notes de classe, notes de discipline :
quelle corvée ! Quelquefois il me faut lire quelque
mauvaise note (je dois dire, pour être vrai, que
c'est assez rare), mais je ne me fais pas à cette lecture, et quand je gronde quelque petit Chinois, qui
baisse timidement ses petits yeux en forme d'aman-
de, je suis presque aussi puni que lui. Comme au
Collège, il y a les compositions, le tableau d'honneur et les terribles examens ! Monseigneur les préside ordinairement (les examens), vous devinez, dès
lors, comment on les prépare. Quelquefois, le
P. Henri, avec sa longue et forte barbe, nous fait
l'honneur d'assister à ces redoutables assises. Notre
petit monde, qui a bien travaillé, répond assez
bien ordinairement.

« D'ailleurs, je vous invite pour la Semaine-
Sainte ; nous aurons l'examen trimestriel, vous verrez un peu .. Nous avons, en ce moment, vingt
séminaristes : depuis ce matin, nous avons un diacre qui sera prêtre dans quelques mois si vous priez
un peu pour lui ; il y a quatre minorés qui commencent leur théologie après Pâques ; trois latinistes commenceront leur philosophie ; les douze autres font de l'*Epitome*, *De viris*, *Phèdre*, etc..., pas
de *grec*.

Collège séraphique des Franciscains de la Province d'Aquitaine à Bordeaux.

« Union de prières, bien cher, croyez-moi bien
vôtre en Notre-Seigneur et saint François.

« Fr. APOLLINAIRE, O. F. M. »

A son ancien Supérieur et Directeur du Petit-
Séminaire d'Éauze, il donne sur le fonctionnement
de son œuvre des détails techniques. Après ce récit,
on devra conclure que, si l'obéissance avait imposé
au P. Apollinaire la plus grande part des responsabilités, son dévouement à l'œuvre le portait à s'ad-
juger l'une des plus grandes parts du travail.

A M. l'abbé Lisle, Chanoine honoraire et Supérieur du Petit-Séminaire d'Éauze :

Séminaire Saint-Louis d'Anjou
Juin 1903.

« Bien cher Monsieur le Supérieur,

. . . .

. . . .

« Outre les cours de latin, de philosophie, de
théologie, nous avons aussi le cours de chinois.
C'est un lettré qui, deux jours par semaine, matin
et soir, fait ce cours. Vous vous demandez ce que
c'est qu'un lettré. Pour nous, ce n'est pas autre
chose qu'un Chinois, chrétien ou païen, qui a étudié les livres chinois et qui s'est assimilé une quantité de caractères : il explique aux enfants ce qu'il
sait. Pour les Chinois, c'est une autre affaire ; le

lettré est un personnage, il est consulté pour les affaires, on a recours à lui dans toutes les difficultés, et comme, à peu près, tous sont *médecins !!!...* on leur demande des médecines qu'eux-mêmes fabriquent avec des plantes du pays. Je vous souhaiterais de pouvoir assister à ces consultations : c'est toujours grave et solennel... à faire rire ! Ici, le lettré est servi comme un monsieur : on lui porte son dîner, son thé dans sa chambre. C'est d'ailleurs un bon chrétien, avec lequel nous nous entendons bien. Il faudrait bien se garder de toucher aux coutumes établies à son égard !

« Depuis le 8 septembre, je fais la classe tous les jours, matin et soir, et parfois trois classes par jour. Le bon Dieu me donne assez de force et d'énergie à cet effet. Il faut aussi prêcher en chinois toutes les semaines. Oh ! le pain dur à cuire ! Il faut à tout prix se chinoiser sous peine d'être ici un ouvrier inutile. Je suis avec un autre jeune Père qui fait la philosophie, une partie du dogme et les cours d'arithmétique et de géographie. Nous faisons ce que nous pouvons ! Pendant que notre ministère nous absorbe au Séminaire, nos bons Pères de l'intérieur travaillent avec activité et succès, le bon Dieu bénissant leurs efforts. La mission du printemps fait espérer les meilleurs fruits.

« Monseigneur, malgré son grand âge et son laborieux apostolat, est parti, il y a un mois, pour faire la visite des chrétientés. En ce moment, il fait mission comme un jeune Père dans un district de

Mgr CÉSAIRE SCHANG, O. F. M.
Vicaire apostolique du Chang-Tong oriental.

l'intérieur où les catéchumènes sont très nombreux. — Les protestants, de leur côté, font une propagande effrénée : ministres et femmes de ministres ne ménagent ni argent ni bibles. Le Chang-Tong est inondé de ces gens-là, qui ne font aucune vraie conversion, mais qui indisposent nos braves Changtonnais pour recevoir la vraie doctrine. A Tché-Fou, ils ont tout rempli de leurs œuvres : pensionnats de filles et de garçons, ouvroirs, écoles industrielles, cercles de jeunes gens, de commerçants, etc., etc., hôpitaux... Jusqu'ici, le manque d'ouvriers et de ressources avaient rendu infructueux les efforts tentés pour contrebalancer cette influence. Aujourd'hui, le bon Dieu aidant, un grand pas a été fait. Le 1er mai, deux bons Frères Maristes ouvraient une école-pensionnat. Ils ont déjà plus de vingt jeunes gens (en trois semaines) et le Frère Directeur me disait hier que les demandes étaient chaque semaine plus nombreuses. De leur côté, les bonnes Religieuses Franciscaines Missionnaires de Marie ont une école florissante de jeunes filles, un orphelinat de filles nombreux, un hôpital avec dispensaire pour les Chinois, un ouvroir où, depuis deux ou trois mois, 50 ou 60 jeunes filles ou femmes païennes viennent travailler (et entendre chaque jour l'explication d'un chapitre du catéchisme).

« Nos orphelins de l'intérieur, en grand nombre, ont été appelés ici où ils font marcher une imprimerie, font des tapis, commencent de petits ateliers de tailleur, de cordonnier, etc. Que le bon Dieu continue à bénir ces œuvres, faites uniquement pour sa gloire.

« Il faut que je m'arrête ; bien cher Monsieur le Supérieur, bénissez votre enfant et l'œuvre si délicate qui lui est confiée.

« Fr. Apollinaire, O. F. M. »

On aura remarqué, dans les premières lettres, la tendresse spirituelle que le P. Apollinaire éprouva à son premier contact avec les Chinois ; cette tendresse ne se démentit pas un seul instant ; au contraire, en maintes occasions, il n'hésite pas à dire que la Chine est devenue pour lui une patrie bienaimée ; il écrit au P. Othon :

Séminaire Saint-Louis d'Anjou.
1er juin 1903.

« Très Révérend et bien-aimé Père,

.   .   .   .

.   .   .   .

« Pour ce qui est de la Chine, je ne vous étonnerai pas si je vous dit que je l'aime de plus en plus. Je ne sais plus dans la vie de quel missionnaire j'ai lu cette phrase : *Ubi labor et dolor ibi patria,* c'est vrai ! Je trouve, en effet, au Séminaire l'un et l'autre ; pour être vrai, je dois ajouter que j'y trouve aussi de grandes consolations.

« Comme le bon Dieu a été vraiment bon pour

moi, n'est-ce pas, Très Révérend et bien-aimé Père ! La santé s'est maintenue. Le pauvre frère le corps fait le rétif quelquefois, il regimbe, mais enfin il marche toujours.

« Grâce à Dieu, notre petit monde est assez bien, malgré quelques rhumes. . . . .

. . . .

« Faut-il plaindre le P. Henri ? Pauvre P. Henri... personne ne le plaint ! Que de misères, pas seulement le P. Anselme, mais d'autres... lui font ! Il faut voir comme nous le taquinons à table, le dimanche, surtout quand il avance, comme hier, sans explications préalables, « qu'il s'était fait *banquier* pour ses orphelins ! » Oh !... pour un moine !... un zélateur de la pauvreté, *banquier !* quelle horreur !... etc., etc. Le plus fort, c'est qu'il se défend ! déclarant son horreur pour l'argent... les exigences de son devoir d'état... etc... Tous les dimanches et jours de fête, nous nous trouvons réunis à la Résidence : *Quam bonum et quam jucundum habitare fratres in unum (1) !*

« Le P. Henri vous parlera des œuvres de la Mission, ainsi que des autres bonnes nouvelles du Vicariat ; moi, je ne sais pas ce que je vous ai dit ; je vais relire pour voir un peu. Quel bon moment je viens de passer avec vous, mais il faut m'arrêter. Le P. Louis fait le mort depuis quelque temps ; j'ai

---

(1) *Qu'il est bon, qu'il est doux d'habiter ensemble comme des frères !* (Ps. 132.)

Les trois Missionnaires entourés des élèves du Séminaire Saint-Louis d'Anjou :
le P. Henri au milieu, à sa droite le P. Apollinaire, à sa gauche le P. Anselme.

eu cependant de ses nouvelles par une lettre d'un de ses chrétiens à un séminariste : toujours intrépide et en bonne santé.

« Bénissez-moi, bien-aimé Père, ainsi que notre chère œuvre.

« Votre enfant,

« Fr. Apollinaire, O. F. M. »

Ni la Chine, cette nouvelle patrie qu'il aime si ardemment, ni le Séminaire Saint-Louis qui est l'objet constant de ses paternelles sollicitudes, ne pourront lui faire oublier ses anciens amis et perdre son aimable gaieté ; il écrivait au P. Godefroy :

Séminaire Saint-Louis d'Anjou,
9 juillet 1903.

« Bien cher Révérend Père et Ami,

« Êtes-vous mort ?... en prison ?... en exil ?... Que c'est mal à vous si, n'étant pas mort, vous faisiez... le mort, et si... longtemps ! Figurez-vous que j'avais résolu de faire comme vous, lorsqu'au jour de votre fête, j'ai senti ma résolution fléchir et, malgré les occupations si multiples d'une fin d'année, je vous écris. Tout de suite, laissez-moi vous dire bonne et sainte fête. Mes vœux, ils sont aussi sincères et aussi étendus que ceux que j'ai eu le bonheur de vous offrir de vive voix les trois années que j'ai passées avec vous, si heureuses années, si pleines de souvenirs !

. . . .

« Deux Pères de la Province de France : le P. Irénée et le P. Yves viennent de nous arriver ; on nous
annonce l'arrivée prochaine du P. Mansuet et de
deux autres Pères de Saint-Louis d'Anjou : Dieu
soit béni... Vive les missionnaires nombreux,
mais... bons ! Ils ont raison de venir chercher la
liberté chez les païens ; ils la trouveront aussi complète que possible. Ils ont raison aussi de venir
chercher un champ de travail, vaste et fructueux.
Il y a du travail pour tous ici.

. . . .

« En ce moment, Monseigneur est dans l'intérieur, visitant tout notre Vicariat ; il y a deux mois
qu'il est parti, intrépide comme un jeune missionnaire, malgré son âge ; son domestique seulement
l'accompagnait — on ne pouvait s'empêcher de penser aux Apôtres... Il ne tardera pas à rentrer, après
s'être rendu compte des nécessités multiples du
Vicariat. — Dès son retour, je pense qu'il ordonnera
prêtre un de nos jeunes séminaristes qui a été fait
sous-diacre à la Saint-Joseph et diacre à la Passion.
Je le prépare aussi bien que je sais aux grâces et
aux responsabilités de l'Ordination. Aidez-nous,
bien cher, de vos bons suffrages ; faites aussi prier
pour nous nos chers Séraphiques.

« Nous touchons à la fin de l'année ; le 14 juillet,
nous aurons notre examen annuel, et puis, ce seront
les vacances jusqu'au 8 septembre. Ces vacances

sont désirées, et j'avoue que j'en sens moi-même un grand besoin. Quand je songe à cette année qui finit, je n'ai pas de peine à remercier le bon Dieu qui a été si bon pour moi et pour notre œuvre. Malgré ma santé toujours à peu près la même, j'ai pu faire la classe, préparer mes instructions et m'occuper de mille autres petits détails d'administration : le bon Dieu a fait le reste. Dans les difficultés multiples que je devais rencontrer, Monseigneur a été ma lumière : j'ai usé largement et de son expérience et de ses conseils. Je dois aussi beaucoup au P. Henri : « Heureux ceux qui !... »

« Pour tous les Pères et Frères du Petit-Rome et ceux de la Résidence, respect, affection... selon les personnes ! Pour vous, outre les vœux et la religieuse affection que je suis heureux de vous offrir, laissez-moi formuler l'espérance que vous serez moins avare de lettres, moins muet... moins cruel, pour vos amis du fond du monde.

« Bien vôtre en Notre-Seigneur et saint François.

« Fr. Apollinaire, O. F. M. »

Après un an de labeur à Saint-Louis d'Anjou, le P. Apollinaire connaît son œuvre et l'affectionne plus que toute autre. La formation des élèves du sanctuaire s'est révélée à lui comme un apostolat béni entre tous : n'est-il pas, en effet, indirectement l'apôtre de tous ceux qui seront plus tard évangélisés par ses élèves, devenus missionnaires ? Voilà pourquoi il concentre sur ses élèves toutes ses

sollicitudes, toutes ses pensées du présent et tous
ses rêves d'avenir. Mais, malgré les attaches profondes de son âme, il est disposé au premier signal
à l'abandonner pour aller au poste indiqué par
l'obéissance. Voici comment il l'annonce à ses parents :

Séminaire Saint-Louis, 15 juillet 1903.

« Mes bien Chers,

« Dimanche prochain, 19 juillet, sera l'anniversaire de mon arrivée au Séminaire : je n'oublie pas
cette date ; elle me rappelle les responsabilités que
l'obéissance mit sur mes pauvres épaules et que le
bon Dieu m'a aidé à porter pendant une année,
malgré ma faiblesse ! Comme le bon Dieu est bon !...
Est-ce que l'année prochaine, je serai encore ici ?
je n'en sais rien. Deux Pères de France viennent
de nous arriver, trois autres nous arriveront bientôt, il se pourrait bien que Monseigneur me confiât
quelque ministère à l'intérieur... Pour ma part, je
suis absolument sans désir, avec la grâce de Dieu.
Je me suis bien attaché à notre chère œuvre du
Séminaire, autant et un peu plus qu'à notre Collège séraphique de Bordeaux, mais avec la grâce
de Dieu, je crois que j'obéirais sans arrière-pensée
et sans trop de peine aux volontés de Monseigneur.
Quelle bonne chose l'obéissance !

« Malgré les chaleurs excessives des jours précédents, nous n'avons pas eu trop de malades ici.

17

Trois ou quatre enfants et le cuisinier ont été pris par les fièvres du pays ; j'ai cru un moment qu'un enfant avait la fièvre typhoïde ; grâce à Dieu, tout le monde est bien : l'air pur du Séminaire nous met à l'abri de bien des misères. Quelle pitoyable chose, la ville chinoise qui n'est qu'à quelques centaines de mètres. Vous n'avez pas idée de l'état des rues, de la saleté des pauvres gens et surtout de leurs petites maisons où grouillent pêle-mêle tout ce qu'il vous sera possible d'imaginer. Ils n'ont pas d'idéal plus élevé : leurs ancêtres vivaient ainsi, il faudra bien que leurs fils et leurs arrière-petits-fils vivent de même. Les Chinois sont conservateurs et fidèles aux traditions ; leur saleté héréditaire, paraît-il, en est une et ils la conservent avec soin ! Malgré tout, ils sont bien bons nos braves Chinois, doux, libéraux, bienveillants, respectueux. Je ne parle pas des exceptions qu'on appelle les Boxeurs ou de quelques autres méchants païens : mais il est bien vrai d'affirmer que beaucoup d'Européens civilisés ne valent pas nos braves Changtonnais de la campagne. Plus je vais et plus j'aime ces gens simples, bons, qui sont si heureux de parler avec un Européen qu'ils sont étonnés de trouver bienveillant, doux et simple.

.   .   .   .

« Bonne fête à la petite Berthe ; bien que la Sainte-Berthe soit passée depuis onze jours ; je l'embrasse de tout cœur en lui offrant mes vœux

du cœur qui l'aime tant ! Affection à mon cher
oncle Marsan. Au vénéré M. le Curé, reconnaissance affectueuse ; à Mlle Anna, à Mme Bousset,
familles Campaignolle, Escoubés, religieux souvenir.
A nos parents et amis, affection ; aux abbés Gendre
et Béreilh, amitiés affectueuses. J'ai appris avec
tristesse la mort du si bon M. Bonnefond et j'ai
prié pour lui : l'abbé Gendre pourrait le dire à
Mme Bonnefond ; merci. — Je vous embrasse tous
et de tout cœur, papa, maman, Aurélie, Berthe.

« Fr. Apollinaire, O. F. M. »

La note surnaturelle est encore plus accentuée
dans les lignes suivantes, adressées à M. l'abbé
Salles.

Séminaire Saint-Louis, 20 juillet 1903.

Bien cher Frère,

« ..... Hier, il y a eu un an, je recevais de Monseigneur les graves responsabilités du Séminaire.....
Le bon Dieu a eu pitié de ma pauvreté physique,
morale et spirituelle. *Quid retribuam Domino ?*...
Oh ! je le sais bien, il me demande la reconnaissance du cœur et la simplicité de l'obéissance.....
Ce qu'a été cette année pour moi, il vous est
facile de le deviner : une année laborieuse, pénible,
où les difficultés ont abondé, mais aussi, je dois
le dire pour glorifier mon Dieu, une année de
grâces et de grandes consolations. J'ai eu les difficultés de la langue, de l'administration, de la

direction, les difficultés aussi de ce pauvre corps qui regimbait quelquefois, lorsque le devoir d'état lui imposait deux et même trois classes par jour, mais enfin, il n'y a pas trop à se plaindre : il est resté debout jusqu'à la fin sans demander grâce. Maintenant il soupire après un peu de repos : l'âme fait *chorus*. La retraite, la retraite ! comme je soupire tout entier après un peu de calme, de repos et de récollection !.....

« Je dois préparer un de nos braves enfants à la prêtrise. Quel pauvre homme je suis pour préparer à de si grandes grâces : mais mon cœur surabonde de joie ; tout entier avec mon cœur de prêtre et de religieux, j'accomplis ce devoir d'état, gros de responsabilités mais le plus consolant pour le missionnaire. Mieux que n'importe qui, vous comprenez ces choses, bien cher, et vous me connaissez assez pour savoir ce qui se passe dans mon âme en ce moment.

« Je vous l'ai peut-être dit, le rêve de ma vie, mais surtout au moment de mon départ pour la Chine, à cause du délabrement de ma santé, était le rêve de Chicard (1) : « *Passer les mers, sauver* UNE AME *et mourir.* »

« Je n'avais jamais songé que le bon Dieu me ferait la grâce de préparer un de ses clercs à la Tonsure, aux Ordres Mineurs, au Sous-Diaconat, au Diaconat, et, selon toute apparence, à la Prê-

____

(1) Godefroy Chicard, Missionnaire apostolique, de la Société des Missions Étrangères, décédé en 1887, dans le Yun-Nan.

trise ! Que Dieu soit béni dans ses desseins... Je recommande l'Ordination d'une manière bien spéciale à vos bonnes prières et à celles de votre chère famille de Lourdes...

« Je bénis de tout cœur et je prie pour le petit Pierre et sa sœur Marcelle. J'ai béni le bon Dieu pour ce nouveau trésor accordé à votre chère sœur. De temps en temps, dans vos pèlerinages à la Grotte, je vous prie, je prie le bon M. Tarbès, Maria, Pierre et la petite Marcelle (quand elle le pourra) de ne pas oublier le pauvre missionnaire du fond du monde, qui est bien vôtre en N. S. et S. F.

« Fr. Apollinaire, O. F. M. »

Nous avons dit qu'il se faisait un devoir d'écrire à ses parents tous les mois. Sa lettre du mois d'août nous le montre accompagnant à l'autel le premier prêtre préparé par lui au sacerdoce. Ce fut, croyons-nous, un beau spectacle pour les anges du ciel qui, mieux encore que les hommes de la terre, purent apprécier les dispositions de l'assistant et de l'assisté.

S. G. Mgr Césaire, après un an d'expérience, comprenait que son Séminaire était en bonnes mains et que le P. Apollinaire faisait excellemment l'œuvre de Dieu ; il lui en confirma donc la direction ; le Père l'annonce à ses parents :

Tché-Fou, 17 août 1903.

« Mes bien chers,

« Avant-hier, 15 août, le bon Dieu m'a accordé une des grandes joies de ma vie : Monseigneur, rentré depuis trois semaines, a ordonné prêtre un de nos braves enfants du Séminaire. Je l'ai préparé avec toute mon âme à ce grand jour, le plus beau de sa vie, et le bon Dieu a fait le reste. Hier, je l'ai assisté à sa première Messe qu'il a chantée à la cathédrale. Pauvres joies humaines, comme elles pâlissent à côté de ces joies indescriptibles de l'âme ! Que le bon Dieu est bon, bien chers, pour votre enfant ; aidez-le à être reconnaissant et à être de moins en moins indigne des fonctions si grandes, si saintes, mais aussi si redoutables qui lui ont été confiées.

« Encore cette année, je resterai au Séminaire ; Monseigneur, qui a pour moi toutes les bontés d'un bon père, m'a averti et m'a accordé en même temps huit jours de repos absolu qui seront huit jours de retraite. Jusqu'à ce jour, les vacances, qui finiront bientôt, ont été bien laborieuses pour moi ; mais jeudi 20 août, lendemain de notre fête patronale, je quitterai le Séminaire pour huit jours et me rendrai dans une solitude tout près de Tché-Fou. Un bon prêtre séculier, auxiliaire de notre Mission, m'a gracieusement offert de faire ma retraite dans sa maison de campagne solitaire, qu'il possède sur une montagne dominant Tché-Fou. Je serai bien seul là, avec le saint Sacrement cependant, que Monseigneur me permettra de garder pendant les huit jours de retraite. — Comme je soupire après l'heureux moment qui donnera, je l'espère, et à mon âme et à mon pauvre corps, un calme et un repos nécessaires, avant de reprendre les travaux de l'année prochaine qui commencera pour nous le 8 septembre.

« Le 26 juillet, fête de saint Anne, un cyclone terrible a fait ici des victimes nombreuses et des dégâts extraordinaires. On parle de 500 à 1 000 morts. Avec leur insouciance ordinaire, les Chinois ont des maisons peu solides et ils se gardent bien surtout d'endiguer de petits ruisseaux qui traversent la ville et qui deviennent de vrais torrents quand la pluie est forte. Ce fut le cas le 26 juillet : en quelques heures, des quartiers de ville entiers ont disparu et tout a été charrié à la mer. Le soir, la mer a restitué un grand nombre de victimes, hommes, femmes et enfants ; un plus grand nombre n'ont pas reparu. Les pertes sont effrayantes ; c'est la ruine et pour longtemps. Pour comble, hier 16 août, fête de saint Joachim, il est tombé ici des torrents d'eau : peu d'accidents de personnes, mais les dégâts seront considérables ; les moissons, si belles, sont à peu près perdues. L'hiver sera redoutable. — Je m'arrête ; merci à la petite Berthe pour sa belle lettre et pour ses promesses de bien travailler. Affection au bon M. le Curé et à Mlle Anna que je n'ai pas oubliée pour sa fête. Souvenir affectueux à tous nos parents et amis. Je n'oublie personne. Je vous embrasse tous et chacun depuis mon oncle Marsan jusqu'à Berthe, Aurélie, papa et maman.

« Fr. Apollinaire, O. F. M. »

« *P.-S.* — Au moment où je vais mettre cette lettre sous enveloppe, notre jeune nouveau Prêtre entre chez moi. Je lui ai déjà demandé une bonne bénédiction pour vous tous ; je lui en demande une autre pour vous, ceux qui me sont chers, en particulier le cher M. le Curé. Dites-le-lui. — Je dis au brave enfant que j'écris à mon père et à ma mère : «*T'oung l'amen chono: lzin ha! Que le Père leur dise joie et bonheur,* » me dit-il, non sans émotion. — Quelles belles et bonnes âmes le bon Dieu se choisit au milieu des misères du paganisme ! »

Voici une lettre dans laquelle il semble vouloir tout spécialement égayer ses bons parents. Il n'a pas oublié que, dans le mois de septembre, il y a deux anniversaires douloureux, celui de son départ pour le Noviciat et celui de son départ pour la Chine ; aussi veut-il les empêcher d'y penser en les faisant rire un peu.

Séminaire Saint-Louis d'Anjou.
Tché-Fou (Chine), 4 septembre 1903.

« Mes bien Chers,

. . . .

« Quatre petits nouveaux me sont arrivés hier au soir : ils sont petits comme des poules, bien qu'ils aient douze, treize, quatorze et quinze ans. Ils ont voyagé pendant deux jours dans une *machine* dont vous vous ferez difficilement une idée et très commune en Chine : la « *chenntzen.* » Figurez-vous une grosse boîte de 1 m. 50 à 2 m. de long, 1 m. 20 de haut et 1 m. ou 1 m. 10 à peu près de large ; deux mules, l'une devant, l'autre derrière, traînent la boîte qui contient plus ou moins d'individus, — les quatre enfants étaient blottis là dedans.

« Vous n'avez pas idée comme on est remué dans ces véhicules, surtout avec les chemins de Chine, les plus curieux que vous puissiez imaginer : il paraît qu'on roule bien des fois dans la boîte, quand on ne roule pas dans quelqu'un des multiples torrents qu'il faut traverser tout le long du chemin ! Les Chinois ne doutent de rien, le danger pour eux est un inconnu, et les conducteurs de *chenntzen* sont pires que les autres. Quoi qu'il en soit, nos quatre petits Chinois sont arrivés sans accidents ; je les ai installés comme j'ai pu, car ils n'apportent jamais rien avec eux : je m'occupe de leur petit bagage et de leurs paillasses en ce moment.

« Je ne m'occupe pas seulement du spirituel au Séminaire, mais aussi du matériel et parfois très matériel. Ainsi, mon maître d'affaires me rend compte, chaque matin à peu près, de ses achats : il est si fier quand il peut mettre les marchands dedans. Un de ces jours, il m'arriva avec trois poulets : un grand, un moyen et un petit. Tout heureux, il me montra d'abord le petit : « *Tóno chen*

« *ts'ien?* Combien te coûte-t-il ? — Oh ! *pou koei !*
« *pou koei !* Pas cher, pas cher, disait-il en riant :
« il me l'a vendu quarante-cinq sapèques (juste
« trois sous !) — *Pou koei*, ce n'est pas cher, en
« effet, faut-il lui répondre. — Et le moyen? Pas
« cher non plus, il me l'a vendu soixante-cinq sapè-
« ques (un peu plus de quatre sous !) — Et le
« grand? » Ici, mon homme change de ton : « *Tati*
« *koei !* » le grand est cher ! — Combien? — Ré-
« ponse : cent cinq sapèques (juste sept sous !) » Il
ne faut pas lui répondre que c'est cher, « il perdrait la face, » et je vous assure que c'est grave, en
Chine. « *Pou t'ai koei,* » ce n'est pas trop cher !...
Voilà le mot propre !... La même scène se reproduit
bien des fois par semaine, un peu pour tous les
achats.

« Je veux vous dire, en finissant, une bonne
nouvelle : j'ai parmi les domestiques, un brave
petit, intelligent, laborieux, obéissant ; pour me
faire plaisir, il irait au fond du monde. Hélas! il est
païen ! mais depuis quelques mois, il apprend la
doctrine : il aime beaucoup son catéchisme et désire
beaucoup le baptême. Comme je voudrais avoir plus
de temps pour le préparer et l'instruire de la doctrine qu'il aime tant à entendre! Aidez-moi, bien
chers, de vos bonnes prières ! Oh ! comme c'est
beau les âmes ! Comme je mourrais avec joie pour
en sauver une ! Quel beau ministère que le nôtre !
Je l'aime chaque jour davantage, tout pécheur que
je suis. — Affection toute filiale au cher M. le Curé ;

souvenir affectueux à Mlle Anna, aux bonnes Religieuses, aux abbés Béreilh et Gendre.

« Souvenir très cordial aussi à tous nos parents amis et voisins : — Dutrey, Escoubés, Dassy, Laporte, Campaignole, Gouanère, Aurélie Lapeyrère, Courrèges, etc., etc.

« Je vous embrasse tous et de tout cœur, depuis la petite Berthe, ma chère Aurélie, papa, maman et mon cher oncle Marsan. — Quand vous verrez les Sœurs d'Éauze, affectueux souvenir. »

Le P. Apollinaire terminait son noviciat au couvent de Pau, lorsqu'un jeune bachelier du Petit-Séminaire d'Ajain (Creuse), vint y faire une retraite pour étudier sa vocation (1). Collège d'Ajain, collège d'Éauze, les collèges catholiques se ressemblent tous, et leurs bons élèves aussi. Le collégien d'Ajain revint à Pau où il fit son noviciat et sa profession sous le nom de Fr. Théobald. Les deux anciens élèves d'Éauze et d'Ajain s'étaient bien compris sous les cloîtres silencieux du couvent de

(1) Fondé dès les premières années du xixᵉ siècle par un saint prêtre, qui avait traversé sans faiblir les orages de la grande Révolution, le Petit-Séminaire d'Ajain, dans la Creuse, acquit rapidement une excellente réputation et arriva à une grande prospérité. Bien que loin des villes, et n'ayant dès lors qu'un internat, cet établissement n'a pas vu sa prospérité décliner. Sa Communauté est toujours nombreuse : ses anciens élèves figurent avec honneur, non seulement dans le clergé, mais aussi dans la magistrature, dans l'armée et dans la meilleure société. (Voir *Ajain (Creuse), Paroisse et Séminaire*, par L'ABBÉ DARDY, chanoine honoraire. Limoges, Ducourtieux, libraire. 1902.

Pau ; ils ne s'oublièrent jamais. Voici une lettre du
P. Apollinaire au P. Théobald, récemment ordonné
prêtre.

Tché-Fou, 5 septembre 1903.

« BIEN CHER PÈRE ET BON FRÈRE,

« La Chine, cette chère Chine de nos cœurs,
aura, je l'espère, mes derniers efforts et mes derniers jours. Je n'ai pas encore goûté du ministère
attachant des missions dans l'intérieur, mais il est
curieux comme j'aime déjà notre belle Œuvre, le
Vicariat, notre Mission, enfin. Et ce n'est pas du
lyrisme ou de la poésie renforcée ! Non, il est bien
vrai qu'il y a des âmes bien belles au milieu de la
boue du paganisme, des âmes privilégiées qui doivent consoler le Cœur de Notre-Seigneur, et il ne
tient qu'aux Missionnaires, avec la grâce de Dieu
qui ne manque jamais, de multiplier le nombre de
ces âmes. En ce moment, le Séminaire compte
dix-huit séminaristes, à peu près tous fils de famille
de vieux chrétiens ; ils font à peu près tous notre
joie, notre consolation et donnent les meilleures
espérances. Il y a quelques jours, le 15 août, Monseigneur ordonnait prêtre notre unique diacre.
Digne fils de son vieux père, qui est lettré, et, ce
qui vaut mieux, excellent chrétien, ce brave enfant
est allé à l'ordination avec les dispositions les plus
consolantes : que Dieu est bon ! Le 19 août, fête de
saint Louis d'Anjou, patron de notre Séminaire, il

est venu chanter la Messe ici. Ses condisciples lui ont fait fête, mais je renonce à vous dire avec quelle joie ! Le soir, Salut du saint Sacrement, panégyrique de saint Louis par le nouveau prêtre, chants, vénération de la relique de saint Louis, gracieusement prêtée par le bon P. Henri, et enfin promenade à travers champs. Fête complète, je crois, et pour l'âme et..... pour le corps. — Il nous reste quatre minorés, deux philosophes et douze latinistes ; nous en attendons un nouveau un de ces jours. Dans trois jours, le P. Henri viendra leur prêcher la retraite annuelle, du 8 septembre au 13 septembre ; après, nous recommencerons les études. De temps en temps, bien cher, portez notre chère Œuvre au saint Autel ; n'oubliez pas, en particulier, le pauvre homme qui doit porter, pour obéir, des responsabilités qui sont parfois bien lourdes. — Dites, je vous prie, mon souvenir le plus affectueux aux deux nouveaux prêtres, l'P. André et Arsène : je m'associe de tout cœur aux joies de leur ordination. Affectueux souvenir à tous les étudiants de Fribourg. Le P. Henri et le P. Anselme se sont grandement réjouis de votre ordination, et me chargent de leur souvenir affectueux. Pour moi, je vous prie de croire à ma fidélité de souvenir et d'affection devant Dieu.

« Bien à vous en Notre-Seigneur et saint François.

« FR. APOLLINAIRE, O. F. M. »

Le P. Godefroy tenait le P. Apollinaire au courant de la transmigration en pays étranger du Collège séraphique de Bordeaux, de la nouvelle organisation qui lui était imposée par les événements, et des nouveaux collaborateurs qu'on lui adjoignait pour cette œuvre. Le P. Apollinaire répond avec son entrain habituel :

Tché-Fou. — Séminaire Saint-Louis d'Anjou.
5 septembre 1903.

« Bien cher Père,

.   .   .   .

« J'ai vu hier le P. Henri à la Résidence : quel homme ! toujours le même. Il devait venir demain au Séminaire pour prêcher une retraite aux enfants, mais les occupations !..... il a fallu renvoyer à un mois..... Nous commencerons donc les cours après-demain. Un petit nouveau doit nous arriver aujourd'hui ou demain, pour remplacer notre diacre qui a été fait prêtre le 15 août. Nous aurons donc cette année : quatre théologiens minorés, deux philosophes et treize latinistes. Nous n'avons pas à notre disposition une Université et les cours d'un grand collège....., on est plus..... modeste en Chine ! Il faudra que notre monde se contente de la besogne laborieuse des deux humbles professeurs que vous connaissez, qui ont cependant à cœur de faire pour le mieux, c'est-à-dire le moins mal possible. Je me suis réservé les latinistes, laissant au P. Anselme et la théologie et la philosophie. Me voilà donc revenu professeur de grosses lettres, il faut le dire, c'est avec un réel bonheur. Dieu veuille que ma santé, qui n'est jamais extrêmement solide, se maintienne, au moins pour réaliser les quelques petits projets que nous avons formés. — Mes vacances, qui s'achèvent, ont été aussi pleines que possible. Depuis mon retour ici, il a fallu songer à l'organisation pour l'année nouvelle : Dieu soit béni !

« J'allais oublier de vous dire que je m'étais réjoui de voir votre pensionnat se peupler de Gascons et, quels Gascons !... Il est entendu qu'il n'y en aura plus dans la Province, qu'au pensionnat et en Chine ! Vivent les Gascons... et... les autres !

« Est-ce que les enfants chantent quelquefois *Rien n'est beau... comme notre Chine (bis) !* Comme ils ont raison !...

« Croyez-moi toujours bien vôtre en Notre-Seigneur et saint François.

« Fr. Apollinaire, O. F. M. »

Nous avons reproduit en son temps la première partie d'une de ses lettres au R. P. Célestin, son ancien Maître du noviciat : elle est une affirmation de son affectueuse reconnaissance et de sa fidélité aux doux souvenirs de l'année passée au couvent de Pau. Voici la seconde partie de cette lettre qui montrera une fois de plus le zèle et l'activité de notre missionnaire.

Tché-Fou, Séminaire Saint-Louis d'Anjou.
21 septembre 1903.

« Révérend et bien-aimé Père Maitre,

. . . .

« Ces souvenirs affectueux ne nuisent en rien aux devoirs nouveaux, aux affections nouvelles, que le bon Dieu nous à ménagés dans notre nouvelle patrie. Il est bien vrai que de plus en plus je bénis le bon Dieu de m'avoir appelé en Chine ; je le bénis même des lourdes responsabilités qu'il a mises sur mes épaules et qu'il m'aide à porter chaque jour d'une manière si visible. De plus en plus, j'aime notre cher Séminaire et les belles âmes qui seront nos prêtres de demain. — Je suis ici avec le P. Anselme, tandis que le P. Henri, toujours procureur, nous procure admirablement ce qui nous est nécessaire. Depuis notre arrivée ici, il y a bientôt deux ans, quatre Pères et un Frère nous sont arrivés d'Europe ; ils sont tous dans l'intérieur... Pour nous trois, il est entendu que nous avons échoué au port de Tché-Fou ! Nous attendons la semaine prochaine le renfort que vous nous envoyez de notre chère Province en exil. Dieu soit béni ! ils seront reçus comme des frères bien-aimés, c'est-à-dire de tout cœur. Il faudrait tant que notre nombre augmentât, et pour la conversion des infidèles, et pour le bien spirituel des missionnaires aussi...

« Le P. Solano, à Colbou, le P. Adéodat, à Cent-

choufou, ont une école préparatoire au Séminaire ;
en ce moment, ils ont plus de quinze élèves. Le bon
Dieu semble vouloir bénir notre cher Vicariat.

« Avant de terminer, une question pratique. Nous

Intérieur de l'église des Franciscains, à Brive.

avons, au Séminaire, sept Tertiaires et pour la
Saint-François nous aurons encore deux novices.
L'année dernière j'avais déjà la pensée de les réunir
en Fraternité, le P. Henri me dit d'attendre ; plus
que jamais je sens l'utilité de l'érection de la Fraternité, pour le bien de ces enfants et pour la communauté. Au Collège séraphique de Bordeaux, j'ai

dirigé déjà la Fraternité, et j'ai vu de quelle utilité
pour le bien est le Tiers-Ordre, et surtout son
Conseil. Pensez-vous que notre nombre soit suffi-
sant pour ériger une Fraternité ? Avec le nouveau
prêtre chinois qui est à la Résidence, nous aurions
huit profès et deux novices.

. . . .

« Le P. Jules n'a-t-il rien fait dans le genre ? —
Cependant, je ne voudrais pas être indiscret ; ne
connaissant pas la situation qui vous est faite par
la persécution, il serait peut-être facile de l'être.
Si oui, ne craignez pas de me traiter comme tel ;
je n'en continuerai pas moins à être votre fils affectueux. J'ose cependant compter sur les bons conseils dictés par votre expérience. J'espère que vos
occupations multiples n'empêcheront pas votre
bonne réponse que j'attendrai avec impatience.

« Votre enfant religieusement affectueux.

« Fr. Apollinaire, O. F. M. »

Voici maintenant quatre de ses anciens élèves de
Bordeaux qui viennent le relancer, le presser de
questions. La rondeur avec laquelle répond leur
ancien maître n'est pas faite pour déplaire, et les
anciens élèves, aujourd'hui étudiants franciscains
à l'Université de Fribourg, conservent la réponse
comme une relique.

Séminaire Saint-Louis, 5 octobre 1903.

« Bien cher Alfred,

«.......Vous me demandez si j'ai rencontré ici des enfants plus aimables, plus gentils, plus sages que ceux du Collège séraphique. Question insidieuse, que je ne veux pas éluder cependant. Les petits Chinois, séminaristes, sont aussi sages que les séraphiques de Bordeaux ; qu'ils soient plus sages ? je le crois, au moins en général. Qu'ils aient des défauts ? sans doute... des gros... et des petits !... Les gronde-t-on ? Sans doute... le vieux préfet de discipline d'autrefois ne peut pas changer de nature en si peu de temps ; cependant, il faut le dire, il gronde moins fort ! Est-ce parce qu'il se corrige, ou bien parce que les élèves méritent moins d'être grondés ?... Répondez à cette question ??? — Les grands, en général, ne nous donnent guère que des consolations ; les petits nous demandent plus d'occupations, préoccupations, soucis de tout genre ; mais tous ont bonne volonté. — Je suis ici avec le bon P. Anselme ; nous faisons bon ménage... Le P. Henri est toujours procureur : les trois nouveaux arrivés l'aideront un peu dans ses multiples occupations, tout en préparant leur futur ministère, par l'étude de notre belle langue chinoise. J'ai dit : belle langue, et j'ai dit très vrai, malgré les calomnies dont on l'accable en Europe. Les difficultés que nous rencontrons, nous, Européens, dans cette étude, expliquent ces calomnies. Les difficultés sont sérieuses, c'est vrai, très sérieuses même, mais à mesure qu'on avance, on éprouve une vraie jouissance... Savez-vous que le P. François s'appelle « Fou » et le P. Michel « Meï, » les beaux noms ! riches de sens...

« Il faut que je m'arrête ; encore merci, bien cher, pour le bon souvenir que vous me conservez dans vos prières. Priez pour nous et notre œuvre.

« Je vous embrasse en Notre-Seigneur et saint François.

« Fr. APOLLINAIRE, O. F. M. »

Séminaire Saint-Louis
Tché-Fou, 5 octobre 1902.

« Bien chers Frères Hermann, Firmin et Adrien,

... « Il y a quelques mois, deux Pères de la Province de France nous sont arrivés ; ils sont dans l'intérieur depuis un mois ; tout juste pour faire de la place aux trois arrivants d'avant-hier. Avec quelle joie nous les avons reçus ! Notre Vicariat compte en ce moment dix-neuf missionnaires, sans compter Monseigneur et le Fr. Antoine (Frère convers). Béni soit le bon Dieu qui nous accorde peu à peu la bénédiction du nombre ; puisse-t-il nous accorder la bénédiction de la ferveur et du zèle ! Vous pouvez nous aider à obtenir cette grâce par vos prières. Parmi les dix-neuf missionnaires, il y a trois prêtres indigènes. L'un d'eux a quitté le Séminaire le 15 août, pour être ordonné ; en ce moment, il aide le P. Henri dans ses multiples occupations. Le bon P. Henri !... toujours le même... procure, aumônerie des Franciscaines, imprimerie, etc., etc..., il faut que tout marche et... ça marche. Je suis toujours au Séminaire avec le bon P. Anselme : nous faisons bon ménage. Vous ne connaissez pas le P. Anselme ! Demandez donc à ceux qui ont eu le bonheur de le connaître, en ajoutant discrètement : qu'il est toujours le même... Nous avons quatre théologiens, deux philosophes et douze latinistes. Le P. Adéodat à Centehoufou et le P. Solano à Colbou nous préparent de futurs élèves : ils en auraient, paraît-il, une quinzaine en ce moment. Il faut donc prévoir pour l'année prochaine une rentrée nombreuse : Dieu le veuille ! En attendant, me voilà redevenu professeur de grosses lettres. Le P. Anselme s'occupe des théologiens et des philosophes, et je me suis réservé les latinistes : on décline, on conjugue, on corrige des copies... il est entendu que ma vocation est celle du professorat : si on me l'avait dit, il y a huit ans, j'aurais certainement répondu qu'on avait perdu la tête, tant j'avais peu d'attrait pour cette profession... Il sera toujours vrai, n'est-ce pas, que l'homme propose et que Dieu dispose ! Oh ! ce n'est pas que je me plaigne de mon sort... non, non, bien au contraire ; comme j'ai aimé de tout mon cœur le Collège séraphique, j'aime de tout mon cœur notre bien-aimé Séminaire de Tché-Fou, et j'essaye de lui donner le moins mal possible tout ce qu'il reste encore du pauvre homme que vous avez connu... Bien chers, quel pays que le nôtre ! Que d'ouvriers, que de bons ouvriers il faudrait... et alors, quelle moisson ! Il faut que je m'arrête...

« Je prierai à toutes les intentions recommandées dans vos lettres. — Que le cher Fr. Hermann accepte vaillamment l'épreuve de la caserne : *Esto fidelis !* Tous les jours, je le porterai au saint Autel d'une manière bien spéciale : qu'il porte quelquefois le sac à l'intention de notre chère œuvre du Séminaire et du pauvre homme dont il connaît l'affection. — A Dieu !

« Bien à vous en Jésus-Christ.

« Fr. Apollinaire, O. F. M. »

De nouveaux missionnaires sont arrivés : plus il y aura d'ouvriers et plus abondante sera la moisson. Le P. Apollinaire exprime au P. Othon toute la joie que lui a causée l'arrivée des trois Franciscains.

Séminaire Saint-Louis d'Anjou.
6 octobre 1903.

« Très révérend et bien-aimé Père,

« ... Vous devinez comment nous avons reçu le renfort de trois missionnaires, arrivés ici le 2 octobre ? Avec tout notre cœur... Le P. Wilfrid, avec les PP. Irénée et Yves de la Province de France,

arrivés, il y a peu de temps, sont partis pour l'intérieur, il y a un mois à peu près. En ce moment,
nous sommes donc 19 Missionnaires, sans compter Monseigneur et le Fr. Antoine (Frère convers) qui
est avec le P. Solano, à Colbou. Peu à peu le bon
Dieu nous accorde la bénédiction du nombre, je
vous entends ajouter : Puisse-t-il vous accorder surtout la bénédiction de la ferveur et du zèle... vous
avez bien raison ! pour nous trois, les *vieux*... on
dirait vraiment que nous avons échoué au port !
Oh ! nous ne nous en plaignons pas, bien sûr, car
notre ministère est assez absorbant et ne manque
pas de consolation ! nous travaillons sur des âmes
chinoises, que pourrions-nous rêver de mieux ?

« Le P. Louis, lui, est un grand missionnaire :
le 12 septembre il m'écrivait une bonne lettre, où
il me donnait en résumé le compte rendu de sa
tournée de missions cette année : il est admirable
d'intrépidité et de zèle. Les confessions et les communions se chiffrent par mille et plus ; les baptêmes
d'enfants et d'adultes, fils de chrétiens et de païens,
sont nombreux aussi ; il a recueilli une douzaine
de petites filles abandonnées qu'il a mises en nour-
rice, sans compter celles qu'il a baptisées et en-
voyées au ciel après le baptême. L'heureux mortel !

« Le ministère du P. Anselme et le mien sont
plus modestes, au Séminaire. Malgré tout, nous
essayons de faire ce que nous pouvons pour former
nos futurs missionnaires indigènes. Le 15 août,
vous avez dû le savoir, un de nos braves enfants

recevait l'ordination sacerdotale ; quelle joie pour nos cœurs, mais aussi quelles responsabilités ! Oh ! il faut que je vous le dise, pour que vous nous aidiez à remercier le bon Dieu : venus ici uniquement par l'obéissance, nous sommes visiblement aidés par la grâce de Dieu, dans le ministère difficile qui nous est confié...

« Puis-je vous prier de transmettre au T. R. P. Provincial mon plus obéissant et mon plus filial respect ? Pardon et merci. Pour le R. P. Godefroy, ce que j'ai de meilleur... Pour vous, Très Révérend et bien-aimé Père, je vous réserve toute grande la part qui vous revient de mon cœur affectueux et reconnaissant en Notre-Seigneur et saint François.

« Fr. APOLLINAIRE, O. F. M. »

« Nous avons vu qu'en septembre il se préoccupait d'organiser le Tiers-Ordre autour de lui ; trois mois après c'était fait ; il l'annonce au P. Célestin en lui offrant ses vœux du nouvel an.

Séminaire Saint-Louis d'Anjou,
Décembre 1903.

« BIEN CHER PÈRE MAÎTRE,

«..... Je suis toujours au Séminaire avec le Père Anselme ; notre petit monde est assez bien, grâce à Dieu ; tout le monde travaille ferme à la préparation des examens de Noël, que l'on redoute quelque peu, car Monseigneur les présidera sans doute. —

Couvent des Franciscains, à Brive. (*Intérieur du cloître*).

Le cher et intrépide P. Louis donne de ses nouvelles de temps en temps. Pour la Saint-François, il
faisait sa retraite annuelle avec le P. Adéodat et les
autres Pères de l'intérieur, au centre du Vicariat ;
il m'écrivait de là qu'il avait l'intention de recommencer sa tournée de mission, aussitôt après la
retraite : et Dieu seul sait s'il fait froid dans son
district ! mais il ne craint rien... quel intrépide ! —
Le froid commence à se faire sentir : nous avions
la neige ces jours-ci : l'hiver est rigoureux ici, mais
nous sommes armés contre lui : contemplez votre
ancien novice, une paire de gros sabots fourrés aux
pieds, sabots chinois, pas jolis du tout, mais bien
chauds ; ajoutez un bonnet en peau de chat..., etc.
J'allais oublier de vous dire que nous avons une
petite Fraternité du Tiers-Ordre depuis quelques
jours, au Séminaire. Monseigneur lui-même est
venu l'ériger. Le patron de notre Fraternité est
saint Antoine de Padoue, notre bon saint de Brive.
Le P. Henri m'a aussi invité ces jours-ci à l'érection d'une Fraternité à la chapelle de l'hôpital : il a
réussi à grouper une quinzaine de braves Tertiaires
isolées, toutes Chinoises. Que le bon Dieu bénisse
nos efforts et nos désirs. Bénissez-moi, je vous
prie, bien cher Père Maître, et croyez-moi votre
enfant religieusement affectueux.

« Fr. Apollinaire, O. F. M. »

Le dévouement du jeune Supérieur trouva un
consolant écho dans le cœur de ses élèves ; nous

avons sous les yeux le précieux témoignage de leur reconnaissance et de leur vénération. Ce sont quatre lettres en latin, écrites après la mort du P. Apollinaire. L'une est comme une déclaration faite au nom de tous les élèves du Séminaire Saint-Louis d'Anjou ; une autre est sans signature ; une troisième porte le nom de *Josephus Can*, enfin la quatrième a été écrite par le jeune prêtre que le P. Apollinaire avait préparé à la grâce du sacerdoce ; elle est signée *Antonius Tchang*. Nous nous faisons un devoir de la reproduire, traduite exactement en français.

« Le R. P. Apollinaire, le très affectionné Directeur de notre Séminaire Saint-Louis, à Tché-Fou, a été un grand zélateur des âmes qui lui étaient confiées. Ardent à son devoir et fidèle observateur de la règle, il ne négligeait pas même un *iota*, de telle sorte que tout se faisait à l'heure réglée. C'est dans cette fidélité qu'il a vécu au milieu de nous pour nous corriger, avec une grande patience, de notre infidélité et « posséder nos âmes par sa patience. » Il nous donna l'enseignement par ses paroles et l'exemple par ses œuvres, nous disant : *Je ne veux qu'une chose, le bien de vos âmes ; et, pour vous, je sacrifierai même ma vie : soyez fidèles.*

« Malgré sa santé délicate, ce bon Père apportait à toute chose une grande activité. Indépendamment des nombreuses classes qu'il avait à faire chaque jour, il donnait chaque semaine un sermon, qu'il n'eût jamais prêché s'il ne l'avait suffisamment préparé.

« Dans la direction des élèves, il agissait avec la plus grande charité ; aussi les élèves avaient-ils pour lui une grande confiance, et allaient-ils avec joie trouver ce *Père miséricordieux*, salutation qu'ils lui adressaient couramment.

« Oh ! le bon pasteur qui eut grand soin des petites brebis à lui confiées, et qui les conduisit beaucoup plus par les exemples que par les paroles !

« Il disait souvent à ses disciples : *Pureté de cœur et simplicité en toute chose.* Il avait une grande dévotion à Jésus-Christ au saint Sacrement, et aimait la Bienheureuse Vierge Marie comme sa mère. Sa conduite fut pour nous un enseignement continuel ; et ainsi, pendant deux ans, travaillant avec ardeur jusqu'à ce qu'il fût atteint d'une maladie mortelle, qu'il supporta avec une grande patience. Le soir qui précéda sa mort, le jeune prêtre chinois qu'il avait préparé vint le voir ; le malade, lui prenant la main avec une grande affection, l'exhortait à la fidélité en lui disant : *Très cher, certes, je ne suis pas bien... soyez fidèle dans vos saints ministères... Je vous bénis... priez pour moi...*

« Ce que j'ai écrit est une des milles choses que j'ai vues ou entendues et que mon cœur garde.

« Signé : ANTONIUS TCHANG. »

Les trois autres lettres parlent dans le même sens : toutes font ressortir la piété, la patience, le dévouement et l'ardeur au travail du P. Apollinaire. Joseph Can termine en disant : « Soit quand il priait, soit quand il célébrait la Messe, il y avait toujours en lui une grande modestie. »

Cette observation se rapproche d'une pensée consignée par le P. Apollinaire à la première page de son journal de missionnaire. Sur cette page, il a marqué les dates mémorables de sa vie religieuse, depuis sa prise d'habit au couvent de Pau, le 16 septembre 1896 ; il a même indiqué celle, encore inconnue, qui devait marquer sa sortie de ce monde, en mettant : *mort...* afin, sans doute, de l'avoir toujours présente à l'esprit. Au-dessus du tableau de ces dates, il a écrit :

« MODÈLE POUR CÉLÉBRER LE SAINT SACRIFICE

« Depuis cinquante ans, s'écriait un témoin habituel de son angélique piété, Mgr Berteaud (1) dit tous les jours sa première Messe ! »

L'ordination d'Antoine Tchang avait été pour notre missionnaire la grande joie de l'année 1903. Son cœur n'en perd pas le souvenir. Cinq mois plus tard, en offrant à M. Salles ses vœux de bonne année, il revient encore sur ce grand événement :

« Vous devinez, bien cher frère, avec quels sentiments j'ai préparé comme j'ai pu ce cher enfant aux grâces et aux responsabilités du sacerdoce...

(1) Évêque de Tulle, décédé en 1879.

Dieu est bien bon, croyez-le, en Chine comme en France ; que de raisons, depuis que je suis ici surtout, pour l'appeler, mais avec tout mon cœur, le Bon Dieu !..... Ma santé se maintient toujours. « Le pharmacien du coin » ne s'enrichira pas, si cela continue : j'ai perdu la foi aux remèdes, et, depuis un an, je n'en use plus.....

« Affectueux et respectueux souvenirs à M. le Supérieur et à tous ces Messieurs du Grand-Séminaire. Bonne et sainte année à tous et à chacun ! Si, au Séminaire, il y avait encore quelques bons amis ou condisciples, comme l'abbé Lagisquet et autres, dites-leur à tous un mot d'affection ; je n'ai pas oublié le bon M. l'abbé Garros. Pour votre famille de Lourdes et pour vous,

« Bien à vous en N. S. et S. F.

« Fr. APOLLINAIRE, O. F. M. »

« Le P. Louis de Saint-Orens m'écrit à l'instant :

> « *Té souéti bouno anado*
> « *Millo què la passndo*
> « *Aquésto é forço d'aoutos.*
> « *Boundjour é boun an !*
> « *L'estréo dé cap d'an* (1). »

« Même au fond de la Chine, on reste *gascoun*, quand même et toujours ! Il m'annonce en même temps que dans son district c'est la misère noire

---

(1) Souhaits que l'on fait en Gascogne, au 1er janvier : *Je te souhaite bonne année, meilleure que la précédente, celle-ci et bien d'autres. Bonjour et bon an ! l'étrenne du commencement de l'an.*

Communauté de Saint-Louis d'Anjou (P. Apollinaire à gauche, 190.)

pour plusieurs : « Cette année ils n'ont presque « rien récolté. » Les conversions s'annoncent pourtant très nombreuses. Un catéchiste lui écrit que dans l'endroit où il enseigne les prières, il y a au moins cent quarante familles de nouveaux catéchumènes......; un autre lui demande un aide pour instruire les catéchumènes. Le bon Père lui-même est d'une intrépidité extraordinaire : malgré l'hiver, toujours rigoureux, surtout à l'intérieur, il fait mission et le bon Dieu bénit son laborieux ministère.

« Je vais lui envoyer le précieux *Armanac* par le premier courrier ; il le dévorera, comme il a dévoré celui de l'année dernière.

« Encore tout à vous.   « Fr. A. »

Voici encore une longue relation adressée au P. Godefroy, qui lui demandait de ne pas oublier la *Revue franciscaine* et de lui continuer sa charitable collaboration par des nouvelles fréquentes et abondantes du Céleste-Empire. On lira cette relation avec le plus vif intérêt : elle peint au vif le triste état de ces pauvres Chinois, pour lesquels le P. Apollinaire, selon l'expression du grand Apôtre, se sentait *des entrailles* de mère. C'est le dernier tableau à couleur locale, dessiné par notre cher missionnaire. Au commencement et à la fin, le Père apparaît avec son enjouement habituel : au cours du récit, il parle avec son esprit de fin observateur, mais surtout avec son âme de missionnaire.

Tché-Fou, Séminaire Saint-Louis,
12 février 1904.

« Bien cher Père et Ami,

« Je prends le grand format, décidé à vous écrire longuement : 1° pour répondre aux désirs du T. R. P. Provincial qui veut que nous écrivions le plus possible des choses de la Chine ; 2° parce que nous sommes en vacances depuis hier et que j'ai pris la résolution de me reposer pendant quelques jours ; 3° pour vous faire rougir jusqu'au blanc des yeux de nous écrire si rarement. — Mais d'abord à la question ?! En rusé Gascon que vous êtes, vous avez deviné qu'il était inutile, dans votre dernière lettre, de faire des excuses pour votre long silence de muet. Il valait mieux confesser, en effet, votre négligence et faire votre coulpe. Le rusé !...

« Nos vacances du 1ᵉʳ de l'An chinois, qui dureront quinze jours, ont commencé hier, après un examen que Monseigneur est venu présider au Séminaire. Je vous ai déjà dit en commençant que je me propose de bien profiter de ces quelques jours de repos. Et pour commencer, me voici parti pour Fribourg, afin de jacasser quelques instants avec vous. — Une phrase que j'ai lue dans la *Revue du Canada*, et écrite par un de nos bons missionnaires du Chang-Tong oriental, me fournira le thème de notre conversation : « Vous le voyez, dit-

« il, après avoir cité des faits, dans le Céleste-Empire,
« le diable a l'air d'être absolument chez lui, il a
« plus d'audace que partout ailleurs et il fait constam-
« ment de riches moissons. Pauvres Chinois! » Cette
audace de l'esprit de mensonge se manifeste dans
les obstacles qu'il ne cesse d'opposer au zèle des
missionnaires, elle se manifeste surtout dans l'aber-
ration de croyances, de pratiques ridicules et, parfois criminelles, dans lesquelles il entretient les gens
simples. J'ai vu, très souvent, des enterrements ;
je suis témoin, plus souvent encore, des rites
superstitieux qui se font à certains jours sur les
tombes : j'ai visité quelques pagodes ; j'ai entendu
raconter, par nos missionnaires et nos séminaristes,
les superstitions les plus extraordinaires, les pratiques les plus extravagantes, et je me sens de plus
en plus au cœur, une grande pitié, une compassion
profonde pour nos pauvres Chinois. Quel travail
pour les missionnaires, quel travail pour la grâce,
car il faut l'action de Dieu, bien sûr, pour détruire
l'œuvre du paganisme dans ces âmes ordinairement
simples, mais si plongées dans l'ignorance ; si grossières, pour ne pas dire davantage.

« Si vous demandez aux Chinois ce qu'ils croient
au point de vue religieux, ils sont vite à court, ils
ne le savent guère. Ils ont entendu raconter, Dieu
sait comment, par les bonzes, par leurs aïeux, par
quelque devin, des traditions aussi variées que possible sur leurs idoles. Ils adorent Fô, Lao-Tzeu, etc.,
sans les connaître, car s'ils connaissaient leur his-

toire, ils s'en moqueraient, comme faisait d'ailleurs un de leurs sages, entre bien d'autres, qui affirme dans un vers « que ces idoles peuvent bien trom- « per les femmes mais pas les hommes. » Ils ont par- fois peine à savoir si ces idoles ont été des hommes ou des femmes, des rois ou des voleurs, comme, par exemple le : « dieu de la cuisine ; » le fameux « *Tsao nam ié* » dont le culte est certainement le plus répandu en Chine ; tous les foyers conservent son image, on lui fait des sacrifices à certains jours. A-t-il été roi, empereur, était-ce une femme ? Des traditions sont en faveur de chacune de ces opi- nions. D'autres traditions prétendent que c'était un aveugle qui se procurait la nourriture en recourant à la divination... Enfin, il paraîtrait à peu près sûr que c'était un homme de condition obscure, né dans le Kiang-si, qui, ayant commis un vol dans son pays, s'enfuit en mendiant son pain. Un maître d'école le prit à son service et lui confia le soin de sa cui- sine. Bientôt il affectionna un des élèves pauvres, nommé Tchang, il lui donnait chaque jour les restes du maître. Celui-ci, reconnaissant, lui promit de se souvenir de lui lorsqu'il serait mandarin. De fait, l'écolier devenu mandarin voulut récompenser le cuisinier bienfaisant ; mais, celui-ci avait disparu depuis longtemps : on ne savait ce qu'il était devenu. Désolé, le mandarin le créa dieu de la cuisine, écri- vit beaucoup à son honneur et son culte s'est répandu... Toutes les idoles, même les plus véné- rées, ont des histoires de ce genre, même leur Fo

et leur Lao-Tzeu, sans parler d'autres dont les traditions sont plus lubriques.

« Rien de plus curieux que ces histoires, rien de
plus curieux encore que les élucubrations des bonzes, transmises de génération en génération, au
sujet de la transmigration des âmes. Les Chinois,
en grand nombre, croient à la métempsycose.
Il y a quelque temps, j'ai visité, non loin de Tché-
Fou, une pagode peu ordinaire, où cette doctrine
était curieusement représentée. Je ne vous ferai
pas la description de cette pagode perdue dans des
gorges de montagnes ; qu'il me suffise de vous dire
un mot de ce qui lui donne son cachet original.
Dans deux corps de bâtiments, séparés par une
cour intérieure, est représentée la tradition des
supplices de l'enfer. Sans parler des peintures qui
tapissent les murs et qui sont très suggestives,
chaque supplice est représenté en action, par des
momies en terre cuite ou en bois assez bien travaillé. Un juge de grandeur humaine, au visage
terrible, assis sur un fauteuil, préside à chacune
des exécutions ; devant lui des diables torturent
leurs victimes. Là, ils sont occupés à scier un
homme ; plus loin, ils en plongent un autre dans de
l'huile bouillante ; puis c'est le supplice du moulin
où la victime est moulue ; le supplice du gril ; des
flèches dans les yeux ; de la rivière remplie de serpents. Plus loin, des diablotins font boire du fer
fondu à leur malheureuse victime ; ils ouvrent le
ventre à un autre pour lui arracher le cœur ; ils
pèlent et coupent la langue à un autre ; ils pèlent un

malheureux des pieds à la tête avec un couteau ; ils en couchent un autre sur une montagne et ils le fixent au sol avec des couteaux qui percent tout son corps.

Je passe bien d'autres petites scènes de supplices vraiment curieuses à voir, pour arriver à la peinture de la métempsycose, qui vient tout à fait en dernier lieu, comme complément de ces supplices. Contre la muraille, a été fabriquée une maisonnette de 30 cent. de hauteur à peu près. Par la grande porte ouverte, comme à la partie supérieure, on voit de grandes flammes. Des diables sont occupés à introduire des victimes par la porte. A la partie supérieure et à droite, s'élève une grande colonne de fumée, laquelle ne tarde pas à se subdiviser en six colonnes qui s'échelonnent en demi-cercles. Dans la première, on a peint des mandarins avec de riches habits et les insignes de leur dignité ; dans la seconde on a peint des femmes ; dans la troisième, des quadrupèdes de toute espèce ; dans la quatrième, des oiseaux ; dans la cinquième, des insectes ; dans la sixième, enfin, des papillons. Les âmes, après l'épreuve du feu, sont passées, selon leurs mérites, dans le corps de mandarins, de femmes, de quadrupèdes, d'oiseaux, d'insectes, de papillons : heureux les premiers qui participeront à la dignité mandarinale ; mais, trois fois malheureux les derniers qui, après avoir mal vécu ici-bas, devront vivre dans un corps de papillon pour leur châtiment !

« Je voudrais bien m'arrêter là, mais avant de quitter notre pagode, laissez-moi vous faire faire un petit pèlerinage. Suivez-moi à travers un couloir obscur, tapissé de petites barques en bois, déposées là probablement en *ex-voto*. Nous voici arrivés à la chambre à coucher de l'*esprit* de la pagode. Assez étroite, mais bien éclairée, elle est remplie de banderoles bariolées de caractères chinois. Un lit assez bizarre avec de beaux rideaux de soie jaune tendre font tout l'ornement de la pièce. C'est là que vient reposer l'esprit du lieu. N'est-ce pas qu'en lisant ces lignes vous êtes pris de compassion pour nos chers, mais bien pauvres Chinois ? Puisse cette compassion vous faire prier davantange pour ce pauvre peuple que l'esprit de mensonge aveugle à son gré. Quel travail pour mener à Dieu ces pauvres âmes plongées dans les ténèbres et parfois dans la boue du paganisme ! Puisse la grâce de Dieu, que vous obtiendrez par vos bonnes prières, féconder le zèle de vos frères missionnaires. Je vous recommande notre chère œuvre du Séminaire d'une manière bien spéciale. Affectueux et religieux souvenir à nos bons frères de Fribourg. Quelque chose de bien particulier au T. R. P. Othon.

« Pour vous, malgré vos infidélités, je vous réserve cependant une large part de ce que j'ai de plus affectueux en Notre-Seigneur et saint François.

« FR. APOLLINAIRE, O. F. M. »

« *Digo, té nei fikat uo léttro, couaté pajos ét... sarrat (1) !* »

---

(1) Traduction du gascon : *Dis donc, t'en ai-je fiché une lettre ! quatre pages !... et serré !*

Cette relation est comme le résumé des impressions personnelles du Missionnaire et des descriptions renfermées dans ses précédentes lettres ; il semble qu'il ait pressenti qu'il parlait pour la dernière fois, et qu'il ait voulu donner comme une idée d'ensemble du pays qu'il évangélisait.

Au 13 avril, il écrivait encore une longue lettre à ses parents ; elle devait être la dernière. Il leur parlait à peine de la maladie qui l'emporta bientôt après. P. Apollinaire la croyait enrayée et il escomptait déjà un mieux qui ne revint pas ; mais sa lettre ne laisse pas soupçonner la moindre fatigue, sa plume est aussi alerte, son cœur aussi aimant et son âme toujours en haut.

Séminaire Saint-Louis d'Anjou,
13 avril 1904.

T. S. E.   V. † J.   S. e. F.

« MES BIEN CHERS,

« Voilà de bien longs mois que je n'ai pas eu de vos nouvelles : je ne sais que penser ; mais on dit : Pas de nouvelles, bonnes nouvelles ! Cela ne me suffit pas.

« J'ai eu une laryngite très forte avec extinction de voix. Un rhume que j'attrapai, il y a deux mois, se mêlant de la partie, j'ai eu pendant trois semai-

nes une crise très aiguë, avec fièvre continuelle.
Enfin, grâce à Dieu, il semble que je suis hors de
danger, bien qu'il y ait des choses qui laissent à
désirer, en particulier la gorge, surtout quand je
mange ! Quel supplice !

« Le docteur compte sur le grand air et la bonne
nourriture pour un rétablissement assez prompt.
Inutile de vous dire que je ne fais pas la classe, ni
instructions, ni catéchismes : je suis au silence.
Depuis huit jours que je suis ici, je puis affirmer,
je crois, que je suis mieux, bien mieux. Malheureusement, le temps est peu favorable : depuis trois ou
quatre jours, il change comme le vent. Enfin,
espérons que les beaux jours ne tarderont pas à
venir.

« Je suis convaincu que l'on parle beaucoup en
France de la guerre russo-japonaise. On se figure
même, paraît-il, que nous devons savoir bien des
choses ici, ignorées en France. Jusqu'ici, la guerre
russo-japonaise est un mystère. Rien de sûr, rien
de certain n'est affirmable, à part quelques atta-
ques partielles où des torpilleurs ont été démolis
de part et d'autre, quelque gros vaisseau coulé,
Port-Arthur bombardé par les Japonais à plusieurs
reprises..... Pour tout le reste lancé par les journaux, on l'a démenti, corrigé de telle sorte qu'il ne
reste plus rien. — Les Chinois n'aiment pas les
Russes et désirent unanimement leur défaite. Ceux-
ci ont été vraiment durs pour les Chinois, en
Mandchourie, à Port-Arthur, à Vladivostock ; de là

des rancunes, des haines. — Les Japonais sont très nombreux à Tché-Fou : on ne voit que ça ! Les uns sont dans un accoutrement, les autres dans un autre, beaucoup sont vêtus à l'européenne, mais ils ont beau faire, ils sont faciles à reconnaître : tous *petits* et la *figure*... unique...

« ... Ce que nous avons le plus à redouter ici, ce sont tous ces Japonais qui ont débouché de partout et beaucoup n'ont rien ; il faut cependant qu'ils vivent, et pour vivre, ils voleront : c'est ce qu'ils font. Nous n'avons pas trop ici de trois bons chiens et du veilleur de nuit. Mon compagnon fait feu quelquefois avec un vieux fusil chargé à poudre seulement. Nous avons trois chiens redoutés à la ronde : ils sont comme des lions pendant la nuit. J'ai toujours peur qu'on nous les empoisonne. Enfin, à la garde de Dieu !

« Est-ce que je vous ai dit que nous avions trois petits nouveaux ? ils nous sont arrivés il y a deux mois à peu près. Ils se portent à merveille comme d'ailleurs leurs compagnons. Nous avons donc maintenant vingt et un élèves. Je suis le Père nourricier en second de tout ce monde : le bon Dieu, la Providence, est bien le premier. Pour faire vivre ces vingt et un jeunes gens, tous ayant quatorze, seize, dix-huit, vingt, vingt-deux, vingt-trois ans, il en faut des ressources ! Il ne faut pas seulement des vivres, il faut des vêtements, il faut l'entretien de chacun, il faut des livres, il faut mille millions d'histoires dans lesquelles on se perdrait. Et le bon Dieu pourvoit à tout. Demandez avec votre enfant la continuation de cette bonne Providence. — Je m'arrête, mais je vous embrasse tous de tout mon cœur, depuis papa, maman, Aurélie, Berthe, jusqu'à mon cher oncle Marsan. — Affection bien respectueuse au cher M. le Curé. Affection à tous nos parents, amis, voisins. Quelque chose de particulier à Mlle Anna, à Mme Rousset, aux abbés Gendre et Béreilh... aux familles Laporte, Escoubés, Dutrey, Campaignolle, Gouanère.

« Votre enfant,

« Fr. Apollinaire, O. F. M. »

L'adieu qui termine cette lettre fut le dernier que le P. Apollinaire envoya à ses parents ; il est à remarquer qu'il est complet. Afin de n'oublier personne, le missionnaire charge ses parents de le transmettre à *tous les parents, amis et voisins :* cinq semaines plus tard, il disait adieu à la terre et s'en allait dans la patrie du ciel.

Après ce suprême adieu à ses parents et à ses amis, il convient de transcrire ici ce qu'il écrivait, le 26 février 1902, dans son journal particulier :

« Vers à adresser à ma mère dans la dernière lettre, avant ou après ma mort. »

> Adieu ! noble pays qui berças mon enfance ;
> Adieu ! parents, amis, vous tous que j'aime, adieu !
> Mère, de votre fils ne pleurez point l'absence ;
> Nous nous retrouverons au sein même de Dieu !!!...

« Dans le cas où Dieu m'accorderait l'incomparable gloire du martyre :

> Et si, loin de vos yeux, le fer tranche ma tête,
> Si pour la Vérité jamais je dois mourir,
> Oh ! quel bonheur !... j'aurai dans l'éternelle Fête
> La couronne d'apôtre, et celle du martyr !!!...

Ce n'est pas le martyre du sang, mais bien le martyre du cœur qu'il allait recommencer et consommer bientôt après. Les premières pages de ces notes biographiques nous ont raconté comment il avait enduré ce martyre par suite de la tendre affection qu'il portait à ses parents ; nous savons aujourd'hui que les Missions de la Chine, et tout particulièrement son apostolat au Séminaire Saint-Louis d'Anjou sont devenus la sainte passion de son âme. Sa prompte guérison, après la catastrophe du 11 août 1901, et ce qu'il a fait, depuis qu'il est arrivé au pays de ses rêves, peuvent lui laisser espérer de nombreuses années, pendant lesquelles, selon l'expression du grand Apôtre, il se *dépensera* et se *surdépensera* pour ceux qu'il engendre à Jésus-Christ. Brusquement, la maladie vient lui dire qu'il faut mourir !

A quel jour le P. Apollinaire entendit-il cette formelle sommation ? à quel moment comprit-il que sa mission allait finir ? Nous ne pouvons le préciser. Sa lettre du 13 avril à ses parents annonce la disparition de la maladie ; cette implacable messagère revenait bientôt après et donnait un assaut décisif à ce *frère le corps* que le P. Apollinaire avait toujours rudement mené, à ce frêle tempérament, usé surtout par un travail excessif auquel notre vaillant n'avait ni su, ni voulu se soustraire.

Le 17 mai, il y avait *trente mois* que le P. Apollinaire annonçait son arrivée en Chine. À cette date, chaque année, les Frères Mineurs célèbrent la fête de saint Pascal Baylon, cet humble Frère convers que Léon XIII a donné comme Patron à toutes les Œuvres eucharistiques. Un jour, traversant l'Aquitaine, Pascal Baylon arrêté par les huguenots, entrevit la palme du martyre : toute sa vie, il regretta de ne pas l'avoir cueillie. Ne fût-ce pas en la fête de cet ange de l'Eucharistie que le P. Apollinaire, complètement désillusionné, consomma le martyre de son cœur, en acceptant de ne plus travailler *la terre que le Seigneur lui avait montrée* et qu'il aimait comme son âme ?...

Le lendemain, Mgr Césaire lui administrait les derniers Sacrements. En pleine possession de toutes ses facultés intellectuelles, le malade vécut encore trois jours pendant lesquels il put boire à longs traits au calice du sacrifice, répéter mille fois le *fiat* de Jésus agonisant, s'étendre sur la croix de la suprême et de la plus douloureuse immolation.

« Oui, oui, disait-il, je fais le sacrifice de ma vie. »

Mais il dut y avoir dans son cœur les déchirements les plus douloureux. Sept ans auparavant, au moment d'affronter ceux de la piété filiale, il écrivait à son Curé, qui devait révéler à ses parents son prochain départ pour la vie franciscaine (1).

« Ce lundi nous serons en promenade, à Beaulieu ; je resterai toute la journée devant le très saint Sacrement. Pendant que vous agirez, je prierai, je m'offrirai comme hostie volontaire, quoique misérable..... tout cela pour que le bon Dieu vous éclaire et dirige vos paroles, tout cela pour que mes pauvres parents soient forts dans l'épreuve si cruelle ; oh ! que ce sacrifice, qui m'écrase, soit bien pour Jésus, tout pour Jésus et rien qu'en Jésus ! » — Les souffrances de ce cœur de fils nous font entrevoir les souffrances bien plus grandes de ce même cœur devenu un cœur d'apôtre.

Lorsqu'il traçait ces lignes, le futur missionnaire se sentait aller au plus grand sacrifice de la piété filiale, mais en même temps il courait avec ardeur à la réalisation d'un rêve sublime. Le 17 mai 1904, il voyait ce rêve finir ; son cœur endurait le martyre du missionnaire zélé dont Dieu seul peut approfondir les apostoliques tendresses. P. Apollinaire aime de toute son âme et son Séminaire et sa Mission ; il a eu le plus ardent désir de cultiver ce champ pendant de longues années, afin de pouvoir offrir une abondante moisson au Père céleste : et son labeur n'a duré que *trente mois !*

---

(1) Nous avons eu le regret de recevoir trop tard cette lettre : le chapitre n° était imprimé quand elle nous est parvenue ; nous en donnons les extraits les plus édifiants.

Dans la nuit du 20 au 21, il fit appeler le P. Henri. Voici comment ce bon Père raconte ses derniers moments : « J'arrivai en toute hâte et je compris vite que c'était la fin. Je lui fis renouveler le sacrifice de sa vie pour son salut et le salut des âmes et lui donnai l'Absolution. Avec quelle piété, les mains jointes, les yeux au ciel, il récita l'acte de contrition !... Je lui suggérai quelques invocations qu'il répéta, mais bientôt il ne pouvait plus parler. Sa respiration était saccadée. Puis, telle qu'une lampe qui semble éteinte, et par instants, jette un éclat subit, soudain, comme revenant d'un doux sommeil, il ouvrit tout grands ses yeux et un sourire des plus gracieux s'épanouit sur son visage. Fixait-il une image de la sainte Vierge appendue au mur, ou bien Dieu le favorisait-il d'une lumière d'au delà, je ne sais ; mais ce regard et ce sourire m'ont frappé, je ne les oublierai jamais. Deux minutes après, c'était fini, son âme avait paru devant Dieu (1). »

A cette heure, les Frères Mineurs d'Europe célébraient la fête de saint Bernardin de Sienne et, lorsqu'on descendit dans la tombe le corps du P. Apollinaire, celle du bienheureux Jean Forest, confesseur de Catherine d'Aragon, reine d'Angleterre, martyrisé sous Henri VIII, et béatifié, en 1888, par Léon XIII.

Ces deux fêtes semblent projeter sur la mort du

____

(1) *Une âme d'apôtre. Le P. Apollinaire Dufrançois*, p. 30 et 31.

jeune missionnaire et sur son tombeau comme un lointain reflet de la gloire réservée à l'apôtre et au martyr; le P. Apollinaire a été l'un et l'autre : c'est l'impression que nous laisse le souvenir de tout ce qu'il a souffert dans son cœur et de tout ce qu'il a fait pour être tout à Dieu et au salut des âmes.

Nous n'avons donc pas à faire ici son éloge : nous ne transcrirons pas les nombreux témoignages d'estime et de vénération que nous avons reçus de ses anciens professeurs, condisciples, élèves et amis. Les pages qui précèdent nous montrent suffisamment ce qu'il a été, réalisant la dernière ligne écrite dans son journal le 25 février 1904... *Il est bien vrai qu'au cœur je sens le désir d'être tout à Vous, tout à mon Dieu, vrai prêtre, vrai religieux, vrai missionnaire. Amen.*

Mais nous voulons qu'il ait le dernier mot, et que lui-même termine ces lignes que nous lui avons consacrées; nous donnons en conséquence un extrait de la première page de son journal : elle fait suite au règlement qu'il se traça quelques jours après son arrivée en Chine. Cette page sera la dernière de cette biographie.

« Retraite du mois, 25 février 1902.
« 28ᵐᵉ anniversaire de mon baptême.

« O mon Dieu, je vous en supplie, brûlez, rayez du livre divin ces vingt-huit années qui se sont écoulées depuis mon saint baptême... En repassant ces vingt-huit ans, je les trouve vides!... A part quelques époques où je me suis senti plus fervent et meilleur, combien peu d'actes, même entre les meilleurs, ont été faits sans mélange d'orgueil, d'amour-propre. O mon Dieu! je suis votre prêtre et votre religieux, de combien de grâces n'ai-je pas abusé! Pardonnez-moi! je sens une douleur, une contrition bien vive pour le passé.

« Peut-être qu'à jamais je devrai souffrir et être impotent jusqu'à la fin de ma vie : vous savez, Seigneur, combien cette épreuve est cruelle pour mon âme. *Fiat! Fiat mihi!* Mes souffrances, l'offrande et le sacrifice de ma vie, je vous les fais formellement en ce jour.

« Je désire, ô mon Dieu, souffrir et mourir pour notre cher Vicariat, pour la conversion des pauvres infidéles du Chang-Tong où votre sainte Volonté m'a appelé.

« *Ivimus ad suavitatem et nos hilariores facti sumus.* Mon âme va à Jésus-Christ, source de vraie joie, et la joie sera ton partage. »

Monogramme du S. Nom de Jésus
(dessiné par S. Bernardin de Sienne.)

Armes de l'Ordre des Frères Mineurs

APPENDICE

L'Ordre Séraphique et les Missions.

La Famille franciscaine se compose des Frères Mineurs ou Franciscains, des Mineurs Conventuels et des Mineurs Capucins : « elle est essentiellement apostolique et missionnaire ; elle n'a jamais dévié, sous ce rapport, de la voie qui avait été montrée par Dieu à notre séraphique Père. »

« Les *Frères Mineurs*, tout particulièrement, sont *l'Ordre qui fournit le plus de missionnaires* : ils en ont plus de *quatre mille* occupés au ministère apostolique dans les pays de Missions des diverses parties du monde (1). »

(1) Voir l'Appendice IV, à la page 403 de l'ouvrage intitulé : *Deux martyrs français, de l'Ordre des Frères Mineurs : le P. Théodoric Balat et le Fr. André Bauer, massacrés en Chine, le 9 juillet 1900*, par L. DE KERVAL. Imp. Franc. Miss., 16, route de Clamart, Vanves. (Seine.) — Ouvrage approuvé par le Maître du Palais Apostolique et par le Général de l'Ordre des Frères Mineurs.

Nous donnons ici simplement un rapide aperçu des deux Missions qui, depuis des siècles, sont l'honneur de leur Ordre : nous voulons parler de la Custodie de Terre-Sainte et des Missions de Chine.

Depuis le commencement du XIIIe siècle, les Frères Mineurs ont la garde du Saint-Sépulcre à Jérusalem. Au cours des siècles, près de *deux mille* d'entre eux ont répandu leur sang pour le Nom de Jésus, à ce poste d'honneur, et plus de *six mille* ont succombé, atteints par la peste, le choléra ou d'autres maladies contagieuses (1). En même temps que le tombeau du Sauveur, les Franciscains desservent aussi plusieurs autres sanctuaires, les plus augustes de la Palestine. Ces sanctuaires, avec leurs autres Résidences, constituent la Custodie de Terre-Sainte, qui est incontestablement la plus ancienne et la plus vénérable des nombreuses Missions confiées à leur zèle par le Saint-Siège.

Les Frères Mineurs arrivèrent également en Chine vers la fin du XIIIe siècle ; ils en furent les premiers missionnaires. Les révolutions les en ont chassés à plusieurs reprises. Aujourd'hui, des nombreux Vicariats apostoliques établis dans cet immense pays, neuf appartiennent aux Frères Mineurs, savoir : 1° le Chen-Si septentrional ; 2° le Chan-Si septentrional ; 3° le Chan-Si méridional ; 4° le Chang-Tong septentrional ; 5° le Chang-Tong oriental ; 6° le Hou-Pé oriental ; 7° le Hou-Pé septentrional ; 8° le Hou-Pé méridional ; 9° le Hou-Nan méridional.

Les Franciscaines Missionnaires de Marie ont une Résidence et des œuvres florissantes dans cinq de ces Vicariats. Cet Institut, qui compte à peine un quart de siècle d'existence, compte cependant déjà *quatre-vingt-six* maisons, et plus de *trois mille* religieuses, dispersées dans les cinq parties du monde. Leur apostolat s'exerce merveilleusement

(1) Voir la page 137 et la note (2) du *Tableau synoptique de l'histoire de tout l'Ordre Séraphique, de 1208 à 1878*, par le R. P. MARIE-LÉON PATREM, Franciscain, Missionnaire Apostolique en Terre-Sainte. — Paris, Imprimerie Soussens et C{e}, 1879.

dans les orphelinats, dans les hôpitaux, dans les hospices et dans d'autres œuvres admirables, créées et soutenues par leur zèle.

Nous ne dirons qu'un mot des Missions dans lesquelles s'exerce l'apostolat des Mineurs Conventuels et des Mineurs Capucins (1). Ces Religieux ne possèdent pas de Missions en Chine ni dans la Palestine. Les Conventuels ont créé dans l'Amérique du Nord, de véritables foyers d'apostolat dans les diocèses d'Albany, de Brooklyn, de Syracuse et de Trenton, tandis qu'ils continuent en Roumanie et à Constantinople, leurs travaux plusieurs fois séculaires et qui occupent près de cent vingt de leurs Religieux.

« Depuis leur fondation, en 1528, jusqu'à nos jours, les Capucins se sont vaillamment consacrés à la propagation de l'Évangile. A l'heure actuelle, ils ont environ neuf cents Missionnaires (2), » qui travaillent dans les cinq parties du monde.

« Ces renseignements et ces chiffres sont tirés de la statistique *officielle*, publiée en 1902, par la Sacrée Congrégation de la Propagande (3). »

Les fils de François d'Assise, malgré le malheur des temps, demeurent encore la grande armée des Missionnaires. Depuis moins de cinq ans, quatre évêques de l'Ordre des Frères Mineurs et plusieurs de ses Religieux ont teint de leur sang les plis de son glorieux drapeau. Que ce sang généreux soit une semence de fervents religieux et de zélés missionnaires !

(1) Pour le tableau complet et détaillé des Missions confiées à la famille franciscaine, voir à la page 502 de l'Appendice IV, dans l'ouvrage de M. de Kerval, *Deux Martyrs français de l'Ordre des Frères Mineurs.*

(2) *Deux Martyrs français de l'Ordre des Frères Mineurs*, p. 430.

(3) *Ibid.*

TABLE DES MATIÈRES

L'imp.-gérant : LEMIÈRE

Vanves, Imprimerie Franciscaine Missionnaire, route de Clamart, 16.